Krydret Magi

Autentiske Indiske Opskrifter, der Vækker dine Smagsløg

Ritu Patel

Indeks

Oliefri kylling 17

    ingredienser 17

    Metode 17

Kozi Varatha Curry 18

    ingredienser 18

    Metode 19

kyllingegryderet 20

    ingredienser 20

    Metode 21

Himani kylling 22

    ingredienser 22

    Til marinaden: 22

    Metode 22

hvid kylling 23

    ingredienser 23

    Metode 24

Kylling i rød masala 25

    ingredienser 25

    Metode 26

Kylling Jhalfrezie 27

    ingredienser 27

    Metode 28

Simpel kylling karry 29

ingredienser 29

    Metode 30

Syrlig kylling karry 31

    ingredienser 31

    Metode 32

tørret kylling anjeer 33

    ingredienser 33

    Til marinaden: 33

    Metode 34

kyllingeyoghurt 35

    ingredienser 35

    Metode 36

Krydret stegt kylling 37

    ingredienser 37

    Metode 38

suveræn kylling 39

    ingredienser 39

    Metode 40

Kylling Vindaloo 41

    ingredienser 41

    Metode 42

karameliseret kylling 43

    ingredienser 43

    Metode 44

cashew kylling 45

    ingredienser 45

    Metode 46

hurtig kylling 47
    ingredienser 47
    Metode 48
Coorgi kylling karry 49
    ingredienser 49
    Metode 50
kyllingegryde 51
    ingredienser 51
    Metode 52
Spinat Kylling 53
    ingredienser 53
    Metode 54
Indisk kylling 55
    ingredienser 55
    Til krydderiblandingen: 55
    Metode 56
Kori Gassi 57
    ingredienser 57
    Metode 58
kylling ghezado 59
    ingredienser 59
    Metode 60
Kylling i tomatsauce 61
    ingredienser 61
    Metode 62
Shahenshah Murgh 63
    ingredienser 63

Metode 64
Pyaaza kylling 65
   ingredienser 65
   Metode 66
bengali kylling 67
   ingredienser 67
   Metode 67
Lasooni Murgh 68
   ingredienser 68
   Metode 69
Kafreal kylling 70
   ingredienser 70
   Til marinaden: 70
   Metode 71
Kylling med abrikoser 72
   ingredienser 72
   Metode 73
Grillet kylling 74
   ingredienser 74
   Metode 75
Brændt peberand 76
   ingredienser 76
   Metode 77
bhuna kylling 78
   ingredienser 78
   Metode 79
Kylling karry med æg 80

ingredienser 80

    Metode 81

Stegt kylling med krydderier 82

    ingredienser 82

        Til marinaden: 82

    Metode 83

Goan Kombdi 84

    ingredienser 84

    Metode 85

South Chicken Curry 86

    ingredienser 86

    Metode 87

Kylling Nizami 88

    ingredienser 88

        Til krydderiblandingen: 88

    Metode 89

And Buffad 90

    ingredienser 90

    Metode 90

Adraki Murgh 92

    ingredienser 92

    Metode 92

Bharva Murgh 93

    ingredienser 93

    Metode 94

Malaidar Murgh 95

    ingredienser 95

Metode 96

Bombay kylling karry 97

    ingredienser 97

    Metode 98

Durbari kylling 99

    ingredienser 99

    Metode 100

stegt and 101

    ingredienser 101

    Metode 101

Kylling med hvidløg og koriander 102

    ingredienser 102

    Metode 103

masala and 104

    ingredienser 104

    Metode 105

senneps kylling 106

    ingredienser 106

    Metode 107

Murgh Lassanwallah 108

    ingredienser 108

    Metode 109

Peber Kylling Chettinad 110

    ingredienser 110

    Metode 111

Hakket kylling med æg 112

    ingredienser 112

Metode 113

tør kylling 114

    ingredienser 114

    Til marinaden: 114

    Metode 115

Krydret lam i yoghurt og safran 116

    ingredienser 116

    Metode 117

lam med grøntsager 118

    ingredienser 118

    Metode 119

Karry oksekød med kartofler 120

    ingredienser 120

    Metode 121

Krydret lam Masala 122

    ingredienser 122

    Metode 123

rogan josh 124

    ingredienser 124

    Metode 125

Grillede svineribbe 126

    ingredienser 126

    Metode 126

Oksekød med kokosmælk 127

    4 portioner 127

    ingredienser 127

    Metode 128

svinekød kebab 129
    ingredienser 129
    Metode 129
Oksekød chili stege 130
    ingredienser 130
    Metode 131
Beef Scotch Æg 132
    ingredienser 132
    Metode 132
Malabar tørret kød 133
    ingredienser 133
    Til krydderiblandingen: 133
    Metode 134
Moghlai lammekoteletter 135
    ingredienser 135
    Metode 135
Kød med okra 136
    ingredienser 136
    Metode 137
Oksekød Baffad 138
    ingredienser 138
    Metode 139
Badami Gosht 140
    ingredienser 140
    Metode 141
Indisk roastbeef 142
    ingredienser 142

Metode 143

Khatta Pudina koteletter 144

    ingredienser 144

    Metode 145

Indisk bøf 146

    ingredienser 146

    Metode 146

Lam i grøn sauce 147

    ingredienser 147

    Metode 148

Nem lammefars 149

    ingredienser 149

    Metode 149

Svinekød Sorpotel 150

    ingredienser 150

    Metode 151

dåse lam 152

    ingredienser 152

    Metode 152

haleem 153

    ingredienser 153

    Metode 154

Lammekoteletter Masala Verde 155

    ingredienser 155

    Metode 156

Bukkehorns lammelever 157

    ingredienser 157

Metode 158

Hussaini oksekød 159

    ingredienser 159

    Til krydderiblandingen: 159

    Metode 160

Lam Methi 161

    ingredienser 161

    Metode 162

Oksekød Indad 163

    ingredienser 163

    Til krydderiblandingen: 163

    Metode 164

lammegryde 165

    ingredienser 165

    Metode 165

Lam med kardemommesmag 166

    ingredienser 166

    Metode 167

Kheema 168

    ingredienser 168

    Metode 168

Krydret svinekød Frittata 169

    ingredienser 169

    Til krydderiblandingen: 169

    Metode 170

Tandoori Raan 171

    ingredienser 171

Metode 172

Lam Talaa 173

    ingredienser 173

    Til krydderiblandingen: 173

    Metode 174

tungesteg 175

    ingredienser 175

    Metode 176

Stegt fårekødsruller 177

    ingredienser 177

    Metode 178

Masala leveryngel 179

    ingredienser 179

    Metode 180

krydret oksetunge 181

    ingredienser 181

    Metode 182

lammepasandas 183

    ingredienser 183

    Metode 183

Lamme- og æblekarry 184

    ingredienser 184

    Metode 185

Andhra stil tørt lam 186

    ingredienser 186

    Metode 187

Simpel oksekød karry 188

ingredienser 188

    Metode 188

gosht korma 189

    ingredienser 189

    Metode 190

erachi koteletter 191

    ingredienser 191

    Metode 192

stegt hakkebøf 193

    ingredienser 193

    Metode 193

Kaleji Do Pyaaza 194

    ingredienser 194

    Metode 195

Lam på benet 196

    ingredienser 196

    Metode 197

oksekød vindaloo 198

    ingredienser 198

    Metode 199

oksekød karry 200

    ingredienser 200

    Metode 201

lam med græskar 202

    ingredienser 202

    Metode 203

gushtaba 204

ingredienser 204

Metode 205

Lam med grøntsager og blandede urter 206

ingredienser 206

Metode 207

citronagtig lam 208

ingredienser 208

Metode 209

Pasanda af lam med mandler 210

ingredienser 210

Metode 211

Stegt svinepølse med peber 212

ingredienser 212

Metode 213

Fårekød Shah Jahan 214

ingredienser 214

Til krydderiblandingen: 214

Metode 215

Oliefri kylling

4 portioner

ingredienser

400 g yoghurt

1 tsk chilipulver

1 tsk ingefærpasta

1 tsk hvidløgspasta

2 grønne peberfrugter, hakket

50 g / 1¾oz korianderblade, stødt

1 tsk garam masala

salt efter smag

750 g / 1 lb 10 oz udbenet kylling, skåret i 8 stykker

Metode

- Bland alle ingredienser undtagen kylling. Mariner kyllingen i denne blanding natten over.

- Kog den marinerede kylling på en pande ved middel varme i 40 minutter under konstant omrøring. Serveres varm.

Kozi Varatha Curry

(Kairali Chicken Curry fra Kerala)

4 portioner

ingredienser

60ml / 2fl oz raffineret vegetabilsk olie

7,5 cm / 3 tommer rod ingefær, finthakket

15 hakkede fed hvidløg

8 skalotteløg, skåret i skiver

3 grønne peberfrugter, skåret på langs

1 kg / 2¼lb kylling, skåret i 12 stykker

¾ tsk safran

salt efter smag

2 spsk stødt koriander

1 spsk garam masala

½ tsk spidskommen frø

750 ml / 1¼ pints kokosmælk

5-6 karryblade

Metode

- Varm olien op i en pande. Tilsæt ingefær og hvidløg. Steg ved middel varme i 30 sekunder.

- Tilsæt skalotteløg og grønne peberfrugter. Steg i et minut.

- Tilsæt kylling, gurkemeje, salt, malet koriander, garam masala og spidskommen. Bland godt. Dæk med låg og lad det simre ved svag varme i 20 minutter. Tilsæt kokosmælk. Kog i 20 minutter.

- Pynt med karryblade og server varm.

kyllingegryderet

4 portioner

ingredienser

1 spiseskefuld raffineret vegetabilsk olie

2 nelliker

2,5 cm / 1 tommer kanel

6 korn sort peber

3 laurbærblade

2 store løg, hakket i 8 stykker

1 tsk ingefærpasta

1 tsk hvidløgspasta

8 kyllingeunderlår

200 g / 7 oz frosne grøntsager

250ml / 8fl oz vand

salt efter smag

2 tsk almindeligt hvidt mel, opløst i 360ml / 12fl oz mælk

Metode

- Varm olien op i en pande. Tilsæt nelliker, kanel, peber og laurbærblad. Lad dem pludre i 30 sekunder.

- Tilsæt løg, ingefærpasta og hvidløgspasta. Steg i 2 minutter.

- Tilsæt de resterende ingredienser undtagen melblandingen. Dæk med låg og kog i 30 minutter. Tilsæt melblandingen. Bland godt.

- Kog i 10 minutter under konstant omrøring. Serveres varm.

Himani kylling

(Kylling Kardemomme)

4 portioner

ingredienser

1 kg / 2¼ lb kylling, skåret i 10 stykker

3 spiseskefulde raffineret vegetabilsk olie

¼ teskefuld malet grøn kardemomme

salt efter smag

Til marinaden:

1 tsk ingefærpasta

1 tsk hvidløgspasta

200 g / 7 oz yoghurt

2 spsk mynteblade, malet

Metode

- Bland alle ingredienserne til marinaden. Mariner kyllingen i denne blanding i 4 timer.

- Varm olien op i en pande. Tilsæt den marinerede kylling og steg ved svag varme i 10 minutter. Tilsæt kardemomme og salt. Bland godt og kog i 30 minutter under konstant omrøring. Serveres varm.

hvid kylling

4 portioner

ingredienser

750 g / 1 lb 10 oz udbenet kylling, hakket

1 tsk ingefærpasta

1 tsk hvidløgspasta

1 spiseskefuld ghee

2 nelliker

2,5 cm / 1 tommer kanel

8 sorte peberkorn

2 laurbærblade

salt efter smag

250ml / 8fl oz vand

30 g / 1 oz cashewnødder, malede

10-12 mandler, malede

1 spsk enkelt creme

Metode

- Mariner kyllingen med ingefærpastaen og hvidløgspastaen i 30 minutter.

- Varm gheen op i en gryde. Tilsæt nelliker, kanel, peber, laurbærblad og salt. Lad dem pludre i 15 sekunder.

- Tilsæt marineret kylling og vand. Kog i 30 minutter. Tilsæt cashewnødder, mandler og fløde. Kog i 5 minutter og server varm.

Kylling i rød masala

4 portioner

ingredienser

3 spiseskefulde raffineret vegetabilsk olie

2 store løg, fint skåret

1 spsk valmuefrø

5 tørrede røde peberfrugter

50g / 1¾oz frisk kokosnød, revet

2,5 cm / 1 tommer kanel

2 teskefulde tamarindpasta

6 fed hvidløg

500 g / 1 lb 2 oz kylling, hakket

2 tomater, fint skåret

1 spsk stødt koriander

1 tsk stødt spidskommen

500ml / 16fl oz vand

salt efter smag

Metode

- Varm olien op i en pande. Steg løget ved middel varme, indtil det er gyldent. Tilsæt valmuefrø, peber, kokos og kanel. Steg i 3 minutter.

- Tilsæt tamarindpasta og hvidløg. Bland godt og kværn til en pasta.

- Bland denne pasta med alle de resterende ingredienser. Kog blandingen i en gryde ved svag varme i 40 minutter. Serveres varm.

Kylling Jhalfrezie

(Kylling i tyk tomatsauce)

4 portioner

ingredienser

3 spiseskefulde raffineret vegetabilsk olie

3 store løg, finthakket

2,5 cm / 1 in. Ingefærrod, fint skåret

1 tsk hvidløgspasta

1 kg / 2¼lb kylling, skåret i 8 stykker

½ tsk safran

3 tsk malet koriander

1 tsk stødt spidskommen

4 tomater, blancheret og pureret

salt efter smag

Metode

- Varm olien op i en pande. Tilsæt løg, ingefær og hvidløgspasta. Steg ved middel varme, indtil løgene er gyldenbrune.

- Tilsæt kylling, gurkemeje, koriander og stødt spidskommen. Steg i 5 minutter.

- Tilsæt tomatpuré og salt. Bland godt og kog ved svag varme i 40 minutter, mens der røres af og til. Serveres varm.

Simpel kylling karry

4 portioner

ingredienser

2 spiseskefulde raffineret vegetabilsk olie

2 store løg, skåret i skiver

½ tsk safran

1 tsk ingefærpasta

1 tsk hvidløgspasta

6 grønne peberfrugter, skåret i skiver

750 g / 1 lb 10 oz kylling, skåret i 8 stykker

125 g / 4½ oz yoghurt

125 g / 4½ oz khoya*

salt efter smag

50 g / 1¾oz korianderblade, finthakket

Metode

- Varm olien op i en pande. Tilsæt løgene. Steg indtil de er gennemsigtige.

- Tilsæt gurkemeje, ingefærpasta, hvidløgspasta og grønne chili. Steg ved middel varme i 2 minutter. Tilsæt kyllingen og steg i 5 minutter.

- Tilsæt yoghurt, khoya og salt. Homogeniser. Dæk med låg og kog ved svag varme i 30 minutter, mens der røres af og til.

- Pynt med korianderblade. Serveres varm.

Syrlig kylling karry

4 portioner

ingredienser

1 kg / 2¼lb kylling, skåret i 8 stykker

salt efter smag

½ tsk safran

4 spiseskefulde raffineret vegetabilsk olie

3 løg, finthakket

8 karryblade

3 tomater, fint hakkede

1 tsk ingefærpasta

1 tsk hvidløgspasta

1 spsk stødt koriander

1 tsk garam masala

1 spsk tamarindpasta

½ spsk stødt sort peber

250ml / 8fl oz vand

Metode

- Mariner kyllingestykkerne med salt og safran i 30 minutter.

- Varm olien op i en pande. Tilsæt løg og karryblade. Steg ved svag varme, indtil løgene er gennemsigtige.

- Tilsæt alle resterende ingredienser og marineret kylling. Bland godt, dæk med låg og kog i 40 minutter. Serveres varm.

tørret kylling anjeer

(Tørret kylling med figner)

4 portioner

ingredienser

750 g / 1 lb 10 oz kylling, skåret i 12 stykker

4 spiseskefulde ghee

2 store løg, finthakket

250ml / 8fl oz vand

salt efter smag

Til marinaden:

10 tørrede figner, udblødt i 1 time

1 tsk ingefærpasta

1 tsk hvidløgspasta

200 g / 7 oz yoghurt

1½ tsk garam masala

2 spsk enkelt creme

Metode

- Bland alle ingredienserne til marinaden. Lad kyllingen marinere i denne blanding i en time.

- Varm gheen op i en gryde. Steg løget ved middel varme, indtil det er gyldent.

- Tilsæt den marinerede kylling, vand og salt. Bland godt, dæk med låg og kog i 40 minutter. Serveres varm.

kyllingeyoghurt

4 portioner

ingredienser

30 g / 1 oz mynteblade, finthakket

30 g/1 oz korianderblade, hakket

2 teskefulde ingefærpasta

2 tsk hvidløgspasta

400 g yoghurt

200 g / 7 oz tomatpuré

1 citronsaft

1 kg / 2¼lb kylling, skåret i 12 stykker

2 spiseskefulde raffineret vegetabilsk olie

4 store løg, finthakket

salt efter smag

Metode

- Kværn mynteblade og korianderblade til en fin pasta. Bland med ingefærpasta, hvidløgspasta, yoghurt, tomatpuré og citronsaft. Mariner kyllingen i denne blanding i 3 timer.

- Varm olien op i en pande. Steg løget ved middel varme, indtil det er gyldent.

- Tilsæt den marinerede kylling. Dæk med låg og kog i 40 minutter under omrøring af og til. Serveres varm.

Krydret stegt kylling

4 portioner

ingredienser

1 tsk ingefærpasta

2 tsk hvidløgspasta

2 grønne peberfrugter, hakket

1 tsk chilipulver

1 tsk garam masala

2 teskefulde citronsaft

½ tsk safran

salt efter smag

1 kg / 2¼lb kylling, skåret i 8 stykker

Raffineret vegetabilsk olie til stegning

Brødkrummer, til topping

Metode

- Bland ingefærpastaen, hvidløgspastaen, grøn chilipulver, chilipulver, garam masala, citronsaft, gurkemeje og salt. Mariner kyllingen i denne blanding i 3 timer.

- Varm olien op i en stegepande. Beklæd hvert stykke marineret kylling med rasp og steg ved medium varme, indtil de er gyldenbrune.

- Afdryp på fedtsugende papir og server varm.

suveræn kylling

4 portioner

ingredienser

1 tsk ingefærpasta

1 tsk hvidløgspasta

1 kg / 2¼lb kylling, skåret i 8 stykker

200 g / 7 oz yoghurt

salt efter smag

250ml / 8fl oz vand

2 spiseskefulde raffineret vegetabilsk olie

2 store løg, skåret i skiver

4 røde peberfrugter

5 cm / 2in kanel

2 kapsler sort kardemomme

4 nelliker

1 spsk chana dhal*, tørristet

Metode

- Bland ingefærpasta og hvidløgspasta. Mariner kyllingen med denne blanding i 30 minutter. Tilsæt yoghurt, salt og vand. Læg det til side.

- Varm olien op i en pande. Tilsæt løg, peber, kanel, kardemomme, nelliker og chana dhal. Steg i 3-4 minutter ved svag varme.

- Kværn til en pasta og tilsæt kyllingeblandingen. Bland godt.

- Kog ved lav varme i 30 minutter. Serveres varm.

Kylling Vindaloo

(Goan stil krydret kylling karry)

4 portioner

ingredienser

60ml / 2fl oz malteddike

1 spsk spidskommen frø

1 tsk peber

6 røde peberfrugter

1 tsk safran

salt efter smag

4 spiseskefulde raffineret vegetabilsk olie

3 store løg, finthakket

1 kg / 2¼lb kylling, skåret i 8 stykker

Metode

- Kværn eddike med spidskommen, peber, peber, gurkemeje og salt, indtil du får en jævn pasta. Læg det til side.

- Varm olien op i en pande. Tilsæt løget og steg til det er gennemsigtigt. Tilsæt eddike og spidskommenfrøpasta. Bland godt og steg i 4-5 minutter.

- Tilsæt kyllingen og kog ved svag varme i 30 minutter. Serveres varm.

karameliseret kylling

4 portioner

ingredienser

200 g / 7 oz yoghurt

1 tsk ingefærpasta

1 tsk hvidløgspasta

2 spsk stødt koriander

1 tsk stødt spidskommen

1½ tsk garam masala

salt efter smag

1 kg / 2¼lb kylling, skåret i 8 stykker

3 spiseskefulde raffineret vegetabilsk olie

2 teskefulde sukker

3 nelliker

2,5 cm / 1 tommer kanel

6 korn sort peber

Metode

- Bland yoghurt, ingefærpasta, hvidløgspasta, stødt koriander, stødt spidskommen, garam masala og salt. Mariner kyllingen i denne blanding natten over.

- Varm olien op i en pande. Tilsæt sukker, nelliker, kanel og peberkorn. Steg i et minut. Tilsæt den marinerede kylling og kog ved svag varme i 40 minutter. Serveres varm.

cashew kylling

4 portioner

ingredienser

1 kg / 2¼lb kylling, skåret i 12 stykker

salt efter smag

1 tsk ingefærpasta

1 tsk hvidløgspasta

4 spiseskefulde raffineret vegetabilsk olie

4 store løg, skåret i skiver

15 cashewnødder, malet til en pasta

6 røde peberfrugter, udblødt i 15 minutter

2 tsk stødt spidskommen

60ml / 2fl oz ketchup

500ml / 16fl oz vand

Metode

- Mariner kyllingen med salt og ingefær og hvidløgspastaer i 1 time.

- Varm olien op i en pande. Steg løget ved middel varme, indtil det er gyldent.

- Tilsæt cashewnødder, chilipeber, spidskommen og ketchup. Kog i 5 minutter.

- Tilsæt kylling og vand. Kog i 40 minutter og server varm.

hurtig kylling

4 portioner

ingredienser

4 spiseskefulde raffineret vegetabilsk olie

6 røde peberfrugter

6 korn sort peber

1 tsk korianderfrø

1 tsk spidskommen frø

2,5 cm / 1 tommer kanel

4 nelliker

1 tsk safran

8 fed hvidløg

1 tsk tamarindpasta

4 mellemstore løg, skåret i tynde ringe

2 store tomater, fint hakkede

1 kg / 2¼lb kylling, skåret i 12 stykker

250ml / 8fl oz vand

salt efter smag

Metode

- Varm en halv spiseskefuld olie i en gryde. Tilsæt rød peber, peberkorn, korianderfrø, spidskommen, kanel og nelliker. Steg dem ved middel varme i 2-3 minutter.
- Tilsæt gurkemeje, hvidløg og tamarindpasta. Kværn blandingen til en glat pasta. Læg det til side.
- Varm den resterende olie op i en gryde. Tilsæt løget og steg ved middel varme til det er gyldent. Tilsæt tomater og sauter i 3-4 minutter.
- Tilsæt kyllingen og svits i 4-5 minutter.
- Tilsæt vand og salt. Bland godt og dæk med låg. Kog i 40 minutter, rør af og til.
- Serveres varm.

Coorgi kylling karry

4 portioner

ingredienser

1 kg / 2¼lb kylling, skåret i 12 stykker

salt efter smag

1 tsk safran

50g / 1¾oz tørret kokosnød

3 spiseskefulde raffineret vegetabilsk olie

1 tsk hvidløgspasta

2 store løg, fint skåret

1 tsk stødt spidskommen

1 tsk stødt koriander

360ml / 12fl oz vand

Metode

- Mariner kyllingen med salt og safran i en times tid. Læg det til side.
- Kværn kokosnødden med nok vand til at danne en jævn pasta.
- Varm olien op i en pande. Kombiner kokospastaen med hvidløgspasta, løg, stødt spidskommen og koriander. Steg ved svag varme i 4-5 minutter.
- Tilsæt den marinerede kylling. Bland godt og steg i 4-5 minutter. Tilsæt vand, dæk med låg og kog i 40 minutter. Serveres varm.

kyllingegryde

4 portioner

ingredienser

4 spiseskefulde raffineret vegetabilsk olie

1 tsk ingefærpasta

1 tsk hvidløgspasta

2 store løg, finthakket

1 tsk garam masala

1½ spsk cashewnødder, stødte

1½ spsk melonfrø*, gulv

1 tsk stødt koriander

500 g / 1 lb 2 oz udbenet kylling

200 g / 7 oz tomatpuré

2 kyllingebouillonterninger

250ml / 8fl oz vand

salt efter smag

Metode

- Varm olien op i en pande. Tilsæt ingefærpasta, hvidløgspasta, løg og garam masala. Steg i 2-3 minutter ved svag varme. Tilsæt cashewnødder, melonfrø og stødt koriander. Steg i 2 minutter.
- Tilsæt kyllingen og steg i 5 minutter. Tilsæt tomatpuré, bouillonterninger, vand og salt. Dæk til og kog i 40 minutter. Serveres varm.

Spinat Kylling

4 portioner

ingredienser

3 spiseskefulde raffineret vegetabilsk olie

6 nelliker

5 cm / 2in kanel

2 laurbærblade

2 store løg, finthakket

12 hakkede fed hvidløg

400 g / 14 oz spinat, groft hakket

200 g / 7 oz yoghurt

250ml / 8fl oz vand

750 g / 1 lb 10 oz kylling, skåret i 8 stykker

salt efter smag

Metode

- Varm 2 spsk olie i en gryde. Tilsæt nelliker, kanel og laurbærblade. Lad dem pludre i 15 sekunder.
- Tilsæt løget og steg ved middel varme, indtil det er gennemsigtigt.
- Tilsæt hvidløg og spinat. Bland godt. Kog i 5-6 minutter. Afkøl og kværn med nok vand til at lave en glat pasta.
- Varm den resterende olie op i en gryde. Tilsæt spinatpasta og steg i 3-4 minutter. Tilsæt yoghurt og vand. Kog i 5-6 minutter. Tilsæt kylling og salt. Kog ved lav varme i 40 minutter. Serveres varm.

Indisk kylling

4 portioner

ingredienser

4-5 spiseskefulde raffineret vegetabilsk olie

4 store løg, hakket

1 kg / 2¼lb kylling, skåret i 10 stykker

salt efter smag

500ml / 16fl oz vand

Til krydderiblandingen:

2,5 cm / 1 in. Ingefær rod

10 fed hvidløg

1 spsk garam masala

2 tsk fennikelfrø

1½ spsk korianderfrø

60ml / 2fl oz vand

Metode

- Kværn krydderiblandingens ingredienser til en jævn masse. Læg det til side.
- Varm olien op i en pande. Steg løget ved middel varme, indtil det er gyldent.
- Tilsæt krydderipasta, kylling og salt. Steg i 5-6 minutter. Tilsæt vandet. Dæk til og kog i 40 minutter. Serveres varm.

Kori Gassi

(Mangalorean Curry Chicken)

4 portioner

ingredienser

4 spiseskefulde raffineret vegetabilsk olie

6 hele røde peberfrugter

1 tsk sort peber

4 tsk korianderfrø

2 tsk spidskommen frø

150 g / 5½ oz frisk kokosnød, revet

8 fed hvidløg

500ml / 16fl oz vand

3 store løg, finthakket

1 tsk safran

1 kg / 2¼lb kylling, skåret i 8 stykker

2 teskefulde tamarindpasta

salt efter smag

Metode

- Varm 1 tsk olie i en gryde. Tilsæt rød peber, peberkorn, korianderfrø og spidskommen. Lad dem pludre i 15 sekunder.
- Kværn denne blanding, indtil den danner en pasta med kokos, hvidløg og halvdelen af vandet.
- Varm den resterende olie op i en gryde. Tilsæt løg, gurkemeje og kokospasta. Steg ved middel varme i 5-6 minutter.
- Tilsæt kylling, tamarindpasta, salt og det resterende vand. Bland godt. Dæk med låg og kog i 40 minutter. Serveres varm.

kylling ghezado

(Goan kylling)

4 portioner

ingredienser

3 spiseskefulde raffineret vegetabilsk olie

2 store løg, finthakket

1 tsk ingefærpasta

1 tsk hvidløgspasta

2 hakkede tomater

1 kg / 2¼lb kylling, skåret i 8 stykker

1 spsk stødt koriander

2 spsk garam masala

salt efter smag

250ml / 8fl oz vand

Metode

- Varm olien op i en pande. Tilsæt løg, ingefærpasta og hvidløgspasta. Steg i 2 minutter. Tilsæt tomater og kylling. Steg i 5 minutter.
- Tilsæt alle resterende ingredienser. Kog i 40 minutter og server varm.

Kylling i tomatsauce

4 portioner

ingredienser

1 spiseskefuld ghee

2,5 cm / 1 in. Ingefærrod, finthakket

10 hakkede fed hvidløg

2 store løg, finthakket

4 røde peberfrugter

1 tsk garam masala

1 tsk safran

800g / 1¾lb tomatpuré

1 kg / 2¼lb kylling, skåret i 8 stykker

salt efter smag

200 g / 7 oz yoghurt

Metode

- Varm gheen op i en gryde. Tilsæt ingefær, hvidløg, løg, rød peber, garam masala og gurkemeje. Steg ved middel varme i 3 minutter.
- Tilsæt tomatpuré og steg i 4 minutter ved svag varme.
- Tilsæt kylling, salt og yoghurt. Homogeniser.
- Dæk til og kog i 40 minutter, under omrøring af og til. Serveres varm.

Shahenshah Murgh

(Kylling tilberedt i speciel sauce)

4 portioner

ingredienser

250 g / 9 oz jordnødder, udblødt i 4 timer

60 g / 2 oz rosiner

4 grønne peberfrugter, skåret på langs

1 spsk spidskommen frø

4 spiseskefulde ghee

1 spsk kanelpulver

3 store løg, finthakket

1 kg / 2¼lb kylling, skåret i 12 stykker

salt efter smag

Metode

- Dræn peanuts og kværn dem med rosiner, chili, spidskommen og rigeligt vand til en homogen pasta. Læg det til side.
- Varm gheen op i en gryde. Tilsæt kanelpulver. Lad det svinge i 30 sekunder.
- Tilsæt løg og jordnøddesmør og rosiner. Steg i 2-3 minutter.
- Tilsæt kylling og salt. Bland godt. Kog ved lav varme i 40 minutter, rør af og til. Serveres varm.

Pyaaza kylling

(kylling med løg)

4 portioner

ingredienser

4 spsk ghee plus ekstra til stegning

4 nelliker

½ tsk fennikelfrø

1 tsk stødt koriander

1 tsk kværnet sort peber

2,5 cm / 1 in. Ingefærrod, finthakket

8 hakkede fed hvidløg

4 store løg, skåret i skiver

1 kg / 2¼lb kylling, skåret i 12 stykker

½ tsk safran

4 hakkede tomater

salt efter smag

Metode

- Varm 4 spiseskefulde ghee i en gryde. Tilsæt nelliker, fennikelfrø, stødt koriander og peber. Lad dem pludre i 15 sekunder.
- Tilsæt ingefær, hvidløg og løg. Steg ved middel varme i 1-2 minutter.
- Tilsæt kylling, safran, tomater og salt. Bland godt. Kog ved lav varme i 30 minutter under konstant omrøring. Serveres varm.

bengali kylling

4 portioner

ingredienser

300 g / 10 oz yoghurt

1 tsk ingefærpasta

1 tsk hvidløgspasta

3 store løg, 1 revet plus 2 hakkede

1 tsk safran

2 teskefulde chilipulver

salt efter smag

1 kg / 2¼lb kylling, skåret i 12 stykker

4 spsk sennepsolie

500ml / 16fl oz vand

Metode

- Bland yoghurt, ingefærpasta, hvidløgspasta, løg, gurkemeje, chilipulver og salt. Mariner kyllingen med denne blanding i 30 minutter.
- Varm olien op i en pande. Tilsæt hakket løg og steg til det er gyldenbrunt.
- Tilsæt den marinerede kylling, vand og salt. Bland godt. Dæk med låg og kog i 40 minutter. Serveres varm.

Lasooni Murgh

(Kylling stuvet med hvidløg)

4 portioner

ingredienser

200 g / 7 oz yoghurt

2 spsk hvidløgspasta

1 tsk garam masala

2 spsk citronsaft

1 tsk kværnet sort peber

5 safran tråde

salt efter smag

750 g / 1 lb 10 oz udbenet kylling, skåret i 8 stykker

2 spiseskefulde raffineret vegetabilsk olie

60ml / 2fl oz dobbelt creme

Metode

- Bland yoghurt, hvidløgspasta, garam masala, citronsaft, peber, gurkemeje, salt og kylling. Stil blandingen på køl natten over.
- Varm olien op i en pande. Tilsæt kyllingeblandingen, dæk med låg og kog ved svag varme i 40 minutter under omrøring af og til.
- Tilsæt fløden og rør i et minut. Serveres varm.

Kafreal kylling

(Goan kylling i koriandersauce)

4 portioner

ingredienser

1 kg / 2¼lb kylling, skåret i 8 stykker

5 spiseskefulde raffineret vegetabilsk olie

250ml / 8fl oz vand

salt efter smag

4 citroner i kvarte

Til marinaden:

50 g / 1¾oz korianderblade, hakket

2,5 cm / 1 in. Ingefær rod

10 fed hvidløg

120ml / 4fl oz malteddike

1 spsk garam masala

Metode

- Bland alle ingredienserne til marinaden og kværn med nok vand til at danne en jævn pasta. Lad kyllingen marinere i denne blanding i en time.
- Varm olien op i en pande. Tilsæt den marinerede kylling og steg ved middel varme i 5 minutter. Tilsæt vand og salt. Dæk med låg og kog i 40 minutter under omrøring af og til. Serveres varm med citronerne.

Kylling med abrikoser

4 portioner

ingredienser

4 spiseskefulde raffineret vegetabilsk olie

3 store løg, fint skåret

1 tsk ingefærpasta

1 tsk hvidløgspasta

1 kg / 2¼lb kylling, skåret i 8 stykker

1 tsk chilipulver

1 tsk safran

2 tsk stødt spidskommen

2 spsk sukker

300 g / 10 oz tørrede abrikoser, udblødt i 10 minutter

60ml / 2fl oz vand

1 spsk malteddike

salt efter smag

Metode

- Varm olien op i en pande. Tilsæt løg, ingefærpasta og hvidløgspasta. Steg ved middel varme, indtil løgene er gyldenbrune.
- Tilsæt kylling, chilipulver, gurkemeje, spidskommen og sukker. Bland godt og steg i 5-6 minutter.
- Tilsæt de resterende ingredienser. Kog i 40 minutter og server varm.

Grillet kylling

4 portioner

ingredienser

salt efter smag

1 spsk malteddike

1 tsk kværnet sort peber

1 tsk ingefærpasta

1 tsk hvidløgspasta

2 tsk garam masala

1 kg / 2¼lb kylling, skåret i 8 stykker

2 spiseskefulde ghee

2 store løg, skåret i skiver

2 hakkede tomater

Metode

- Bland salt, eddike, peber, ingefærpasta, hvidløgspasta og garam masala. Lad kyllingen marinere i denne blanding i en time.
- Varm gheen op i en gryde. Tilsæt løget og steg ved middel varme til det er gyldent.
- Tilsæt tomater og marineret kylling. Bland godt og steg i 4-5 minutter.
- Fjern fra varmen og grill blandingen i 40 minutter. Serveres varm.

Brændt peberand

4 portioner

ingredienser

2 spsk malteddike

1½ tsk ingefærpasta

1 tsk hvidløgspasta

salt efter smag

1 tsk kværnet sort peber

1 kg / 2¼lb and

2 spsk smør

2 spiseskefulde raffineret vegetabilsk olie

3 store løg, fint skåret

4 hakkede tomater

1 tsk sukker

500ml / 16fl oz vand

Metode

- Bland eddike, ingefærpasta, hvidløgspasta, salt og peber. Prik anden med en gaffel og mariner i denne blanding i 1 time.
- Varm smør og olie op i en gryde. Tilsæt løg og tomat. Steg ved middel varme i 3-4 minutter. Tilsæt and, sukker og vand. Bland godt og kog i 45 minutter. Serveres varm.

bhuna kylling

(Kylling kogt i yoghurt)

4 portioner

ingredienser

4 spiseskefulde raffineret vegetabilsk olie

1 kg / 2¼lb kylling, skåret i 12 stykker

1 tsk ingefærpasta

1 tsk hvidløgspasta

½ tsk safran

2 store løg, finthakket

1½ tsk garam masala

1 tsk friskkværnet sort peber

150 g / 5½ oz yoghurt, pisket

salt efter smag

Metode

- Varm olien op i en pande. Tilsæt kylling og steg ved middel varme i 6-7 minutter. Løb og bestil.
- Til den samme olie tilsættes ingefærpasta, hvidløgspasta, gurkemeje og løg. Steg ved middel varme i 2 minutter under konstant omrøring.
- Tilsæt stegt kylling og alle resterende ingredienser. Kog i 40 minutter ved lav varme. Serveres varm.

Kylling karry med æg

4 portioner

ingredienser

6 fed hvidløg

2,5 cm / 1 in. Ingefær rod

25g / en sparsom 1 oz revet frisk kokosnød

2 teskefulde valmuefrø

1 tsk garam masala

1 tsk spidskommen frø

1 spsk korianderfrø

1 tsk safran

salt efter smag

4 spiseskefulde raffineret vegetabilsk olie

2 store løg, finthakket

1 kg / 2¼lb kylling, skåret i 8 stykker

4 hårdkogte æg, skåret i halve

Metode

- Kværn hvidløg, ingefær, kokos, valmuefrø, garam masala, spidskommen, korianderfrø, gurkemeje og salt. Læg det til side.
- Varm olien op i en pande. Tilsæt løg og malet pasta. Steg ved middel varme i 3-4 minutter. Tilsæt kyllingen og bland godt til belægning.
- Kog i 40 minutter. Pynt med æggene og server varm.

Stegt kylling med krydderier

4 portioner

ingredienser

1 kg / 2¼lb kylling, skåret i 8 stykker

250ml / 8fl oz raffineret vegetabilsk olie

Til marinaden:

1½ tsk stødt koriander

4 kapsler grøn kardemomme

7,5 cm / 3 tommer skinneben

½ tsk fennikelfrø

1 spsk garam masala

4-6 fed hvidløg

2,5 cm / 1 in. Ingefær rod

1 stort revet løg

1 stor tomat, pureret

salt efter smag

Metode

- Kværn alle ingredienserne til marinaden sammen. Mariner kyllingen med denne blanding i 30 minutter.
- Kog den marinerede kylling i en gryde ved middel varme i 30 minutter, og rør af og til.
- Varm olien op og steg den kogte kylling i 5-6 minutter. Serveres varm.

Goan Kombdi

(Goan kylling karry)

4 portioner

ingredienser

1 kg / 2¼lb kylling, skåret i 8 stykker

salt efter smag

½ tsk safran

6 røde peberfrugter

5 nelliker

5 cm / 2in kanel

1 spsk korianderfrø

½ tsk bukkehornsfrø

½ tsk sennepsfrø

4 spiseskefulde olie

1 spsk tamarindpasta

500 ml / 16 fl oz kokosmælk

Metode

- Mariner kyllingen med salt og safran i 1 time. Læg det til side.
- Kværn peberfrugter, nelliker, kanel, korianderfrø, bukkehornsfrø og sennepsfrø med nok vand til at danne en pasta.
- Varm olien op i en pande. Steg pastaen i 4 minutter. Tilsæt kylling, tamarindpasta og kokosmælk. Kog i 40 minutter og server varm.

South Chicken Curry

4 portioner

ingredienser

16 cashewnødder

6 røde peberfrugter

2 spsk korianderfrø

½ tsk spidskommen frø

1 spsk citronsaft

5 spiseskefulde ghee

3 store løg, finthakket

10 hakkede fed hvidløg

2,5 cm / 1 in. Ingefærrod, finthakket

1 kg / 2¼lb kylling, skåret i 12 stykker

1 tsk safran

salt efter smag

500 ml / 16 fl oz kokosmælk

Metode

- Kværn cashewnødder, chilipeber, korianderfrø, spidskommen og citronsaft med nok vand til at danne en jævn pasta. Læg det til side.
- Opvarm gheen. Tilsæt løg, hvidløg og ingefær. Steg i 2 minutter.
- Tilsæt kylling, gurkemeje, salt og cashewnøddepasta. Steg i 5 minutter. Tilsæt kokosmælk og kog i 40 minutter. Serveres varm.

Kylling Nizami

(Kylling kogt med safran og mandler)

4 portioner

ingredienser

4 spiseskefulde raffineret vegetabilsk olie

1 stor kylling skåret i 8 stykker

salt efter smag

750 ml / 1¼ pints mælk

½ tsk gurkemeje, udblødt i 2 tsk mælk

Til krydderiblandingen:

1 spsk ingefærpasta

3 spiseskefulde valmuefrø

5 røde peberfrugter

25 g / knap 1 oz tørret kokosnød

20 mandler

6 spiseskefulde mælk

Metode

- Kværn ingredienserne til krydderiblandingen for at danne en jævn pasta.
- Varm olien op i en pande. Steg pastaen ved svag varme i 4 minutter.
- Tilsæt kylling, salt og mælk. Kog i 40 minutter under konstant omrøring. Tilsæt safran og kog i yderligere 5 minutter. Serveres varm.

And Buffad

(And stuvet med grøntsager)

4 portioner

ingredienser

4 spiseskefulde ghee

3 store løg, skåret i kvarte

750 g / 1 lb 10 oz and, skåret i 8 stykker

3 store kartofler i kvarte

50 g/1¾oz revet kål

200 g / 7 oz frosne ærter

1 tsk safran

4 grønne peberfrugter, skåret på langs

1 tsk kanelpulver

1 tsk stødt nelliker

30 g / 1 oz mynteblade, finthakket

salt efter smag

750 ml / 1¼ pints vand

1 spsk malteddike

Metode

- Varm gheen op i en gryde. Tilsæt løget og steg ved middel varme til det er gyldent. Tilsæt anden og sauter i 5-6 minutter.
- Tilsæt de resterende ingredienser undtagen vand og eddike. Steg i 8 minutter. Tilsæt vand og eddike. Kog i 40 minutter. Serveres varm.

Adraki Murgh

(kylling med ingefær)

4 portioner

ingredienser

2 spiseskefulde raffineret vegetabilsk olie

2 store løg, finthakket

2 spiseskefulde ingefærpasta

½ tsk hvidløgspasta

½ tsk safran

1 spsk garam masala

1 tomat, hakket

1 kg / 2¼lb kylling, skåret i 12 stykker

salt efter smag

Metode

- Varm olien op i en pande. Tilsæt løg, ingefærpasta og hvidløgspasta og steg ved middel varme i 1-2 minutter.
- Tilsæt alle de resterende ingredienser og svits i 5-6 minutter.
- Grill blandingen i 40 minutter og server varm.

Bharva Murgh

(Fyldt kylling)

4 portioner

ingredienser

½ tsk ingefærpasta

½ tsk hvidløgspasta

1 tsk tamarindpasta

1 kg / 2¼lb kylling

75 g / 2½ oz ghee

2 store løg, finthakket

salt efter smag

3 store kartofler, hakkede

2 tsk malet koriander

1 tsk stødt spidskommen

1 tsk sennepspulver

50 g / 1¾oz korianderblade, hakket

2 nelliker

2,5 cm / 1 tommer kanel

Metode

- Bland ingefær, hvidløg og tamarindpastaer. Lad kyllingen marinere i blandingen i 3 timer. Læg det til side.

- Varm gheen op på en pande og steg løget til det er gyldent. Tilsæt alle de resterende ingredienser undtagen marineret kylling. Steg i 6 minutter.

- Læg denne blanding på den marinerede kylling. Bag i en ovn ved 190°C (375°F, gasmærke 5) i 45 minutter. Serveres varm.

Malaidar Murgh

(Kylling kogt i cremet sauce)

4 portioner

ingredienser

- 4 spiseskefulde raffineret vegetabilsk olie
- 2 store løg, finthakket
- ¼ teskefuld stødt nelliker
- salt efter smag
- 1 kg / 2¼lb kylling, skåret i 12 stykker
- 250ml / 8fl oz vand
- 3 tomater, fint hakkede
- 125 g / 4½ oz yoghurt, pisket
- 500ml / 16fl oz enkelt creme
- 2 spsk cashewnødder, stødt
- 10 g / ¼ oz korianderblade, hakket

Metode

- Varm olien op i en pande. Tilsæt løg, nelliker og salt. Steg ved middel varme i 3 minutter. Tilsæt kyllingen og svits i 7-8 minutter.
- Tilsæt vand og tomater. Kog i 30 minutter.
- Tilsæt yoghurt, fløde og cashewnødder. Kog i 10 minutter.
- Pynt med korianderblade og server varm.

Bombay kylling karry

4 portioner

ingredienser

8 spiseskefulde raffineret vegetabilsk olie

1 kg / 2¼lb kylling, skåret i 12 stykker

2 store løg, skåret i skiver

1 tsk ingefærpasta

1 tsk hvidløgspasta

4 nelliker, stødt

2,5 cm / 1 tomme kanel, pulveriseret

1 tsk stødt spidskommen

salt efter smag

2 hakkede tomater

500ml / 16fl oz vand

Metode

- Varm halvdelen af olien op i en stegepande. Tilsæt kylling og steg ved middel varme i 5-6 minutter. Læg det til side.
- Varm den resterende olie op i en gryde. Tilsæt løg, ingefærpasta og hvidløgspasta og steg ved middel varme, indtil løgene er gyldenbrune. Tilsæt de resterende ingredienser undtagen vand og kylling. Sauter i 5-6 minutter.
- Tilsæt stegt kylling og vand. Kog i 30 minutter og server varmt.

Durbari kylling

(Kylling med fyldig sauce)

4 portioner

ingredienser

150 g / 5½ oz chana dhal*

salt efter smag

1 liter vand

2,5 cm / 1 in. Ingefær rod

10 fed hvidløg

4 røde peberfrugter

3 spiseskefulde ghee

2 store løg, finthakket

½ tsk safran

2 spsk garam masala

½ spiseskefuld valmuefrø

2 hakkede tomater

1 kg / 2¼lb kylling, skåret i 10-12 stykker

2 teskefulde tamarindpasta

20 cashewnødder, malet til en pasta

250ml / 8fl oz vand

250 ml / 8 fl oz kokosmælk

Metode

- Bland dhal med salt og halvdelen af vandet. Kog i en gryde ved middel varme i 45 minutter. Blend indtil du får en pasta med ingefær, hvidløg og rød peber.
- Varm gheen op i en gryde. Tilsæt løg, dhal og gurkemejeblanding. Steg ved middel varme i 3-4 minutter. Tilsæt alle resterende ingredienser.
- Bland godt og kog i 40 minutter under omrøring af og til. Serveres varm.

stegt and

4 portioner

ingredienser

3 spiseskefulde malteddike

2 spsk stødt koriander

½ tsk malet sort peber

salt efter smag

1 kg / 2¼lb and, skåret i 8 stykker

60ml / 2fl oz raffineret vegetabilsk olie

2 små løg

1 liter / 1¾ pints varmt vand

Metode

- Bland eddike med malet koriander, peber og salt. Mariner anden i denne blanding i 1 time.
- Varm olien op i en pande. Steg løget ved middel varme, indtil det er gyldent.
- Tilsæt vand, salt og and. Kog i 45 minutter og server varm.

Kylling med hvidløg og koriander

4 portioner

ingredienser

4 spiseskefulde raffineret vegetabilsk olie

5 cm / 2in kanel

3 kapsler grøn kardemomme

4 nelliker

2 laurbærblade

3 store løg, finthakket

10 hakkede fed hvidløg

1 tsk ingefærpasta

3 tomater, fint hakkede

1 stor kylling, hakket

250ml / 8fl oz vand

150 g / 5½ oz korianderblade, hakket

salt efter smag

Metode

- Varm olien op i en pande. Tilsæt kanel, kardemomme, nelliker, laurbærblad, løg, hvidløg og ingefærpasta. Steg i 2-3 minutter.
- Tilsæt alle resterende ingredienser. Kog i 40 minutter og server varm.

masala and

4 portioner

ingredienser

30 g/1 oz ghee plus 1 spsk til stegning

1 stort løg, skåret i tynde skiver

1 tsk ingefærpasta

1 tsk hvidløgspasta

1 tsk stødt koriander

½ tsk malet sort peber

1 tsk safran

1 kg / 2¼lb and, skåret i 12 stykker

1 spsk malteddike

salt efter smag

5 cm / 2in kanel

3 nelliker

1 tsk sennepsfrø

Metode

- Opvarm 30 g ghee i en gryde. Tilsæt løg, ingefærpasta, hvidløgspasta, koriander, peber og gurkemeje. Steg i 6 minutter.
- Tilsæt anden. Steg ved middel varme i 5 minutter. Tilsæt eddike og salt. Bland godt og kog i 40 minutter. Læg det til side.
- Varm den resterende ghee i en gryde og tilsæt kanel, nelliker og sennepsfrø. Lad dem pludre i 15 sekunder. Hæld andeblandingen over og server varm.

senneps kylling

4 portioner

ingredienser

2 store tomater, fint hakkede

10 g / ¼ oz mynteblade, finthakket

30 g / 1 oz korianderblade, hakket

2,5 cm / 1 in. Ingefærrod, skrællet

8 fed hvidløg

3 spsk sennepsolie

2 tsk sennepsfrø

½ tsk bukkehornsfrø

1 kg / 2¼lb kylling, skåret i 12 stykker

500ml / 16fl oz varmt vand

salt efter smag

Metode

- Kværn tomater, mynteblade, korianderblade, ingefær og hvidløg til en jævn masse. Læg det til side.
- Varm olien op i en pande. Tilsæt sennepsfrø og bukkehornsfrø. Lad dem pludre i 15 sekunder.
- Tilsæt tomatpure og steg ved middel varme i 2-3 minutter. Tilsæt kylling, vand og salt. Bland godt og kog i 40 minutter. Serveres varm.

Murgh Lassanwallah

(Kylling med hvidløg)

4 portioner

ingredienser

400 g yoghurt

3 tsk hvidløgspasta

1½ tsk garam masala

salt efter smag

750 g / 1 lb 10 oz udbenet kylling, skåret i 12 stykker

1 spiseskefuld raffineret vegetabilsk olie

1 tsk spidskommen frø

25g/få dildblade 1 oz

500ml / 16fl oz mælk

1 spsk stødt sort peber

Metode

- Bland yoghurt, hvidløgspasta, garam masala og salt. Mariner kyllingen med denne blanding i 10-12 timer.
- Varm olien op. Tilsæt spidskommen og lad dem sprøjte i 15 sekunder. Tilsæt den marinerede kylling og steg ved middel varme i 20 minutter.
- Tilsæt dildblade, mælk og peber. Kog i 15 minutter. Serveres varm.

Peber Kylling Chettinad

(Sydindisk peberkylling)

4 portioner

ingredienser

2½ spiseskefulde raffineret vegetabilsk olie

10 karryblade

3 store løg, finthakket

1 tsk ingefærpasta

1 tsk hvidløgspasta

½ tsk safran

2 hakkede tomater

½ tsk malede fennikelfrø

¼ teskefuld stødt nelliker

500ml / 16fl oz vand

1 kg / 2¼lb kylling, skåret i 12 stykker

salt efter smag

1½ tsk groftkværnet sort peber

Metode

- Varm olien op i en pande. Tilsæt karryblade, løg, ingefærpasta og hvidløgspasta. Steg ved middel varme i et minut.
- Tilsæt alle resterende ingredienser. Kog i 40 minutter og server varm.

Hakket kylling med æg

4 portioner

ingredienser

3 spiseskefulde raffineret vegetabilsk olie

4 kogte og snittede æg

2 store løg, finthakket

2 teskefulde ingefærpasta

2 tsk hvidløgspasta

2 hakkede tomater

1 tsk stødt spidskommen

2 tsk malet koriander

½ tsk safran

8 til 10 karryblade

1 tsk garam masala

750 g / 1 lb 10 oz kylling, hakket

salt efter smag

360ml / 12fl oz vand

Metode

- Varm olien op i en pande. Tilsæt æggene. Steg i 2 minutter og stil til side.
- Til den samme olie tilsættes løg, ingefærpasta og hvidløgspasta. Steg ved middel varme i 2-3 minutter.
- Tilsæt alle de resterende ingredienser undtagen vand. Bland godt og steg i 5 minutter. Tilsæt vandet. Kog i 30 minutter.
- Pynt med æggene. Serveres varm.

tør kylling

4 portioner

ingredienser

1 kg / 2¼lb kylling, skåret i 12 stykker

6 spiseskefulde raffineret vegetabilsk olie

3 store løg, skåret i tynde skiver

Til marinaden:

8 røde peberfrugter

1 spsk sesamfrø

1 spsk korianderfrø

1 tsk garam masala

4 kapsler grøn kardemomme

10 fed hvidløg

3,5 cm / 1½ in. Ingefær rod

6 spiseskefulde malteddike

salt efter smag

Metode

- Kværn alle ingredienserne til marinaden til en jævn masse. Mariner kyllingen med denne pasta i 3 timer.
- Varm olien op i en pande. Steg løget ved svag varme, til det er gyldent. Tilsæt kyllingen og steg i 40 minutter under konstant omrøring. Serveres varm.

Krydret lam i yoghurt og safran

4 portioner

ingredienser

5 spiseskefulde ghee

1 tsk ingefærpasta

1 tsk hvidløgspasta

675 g / 1½ lb udbenet lam, skåret i 3,5 cm / 1½ tomme stykker

salt efter smag

750 ml / 1¼ pints vand

4 store løg, skåret i skiver

1 tsk chilipulver

1 tsk garam masala

1 spsk brun farin, opløst i 2 spsk vand

3 grønne peberfrugter, skåret på langs

30 g / 1 oz malede mandler

400 g græsk yoghurt, pisket

10g/¼oz korianderblade, finthakket

½ tsk gurkemeje, opløst i 2 spsk mælk

Metode

- Varm halvdelen af gheen op i en gryde. Tilsæt ingefærpasta og hvidløgspasta. Steg ved middel varme i 1-2 minutter.

- Tilsæt lam og salt. Steg i 5-6 minutter.

- Tilsæt vand og bland godt. Dæk med låg og kog i 40 minutter under omrøring af og til. Læg det til side.

- Opvarm den resterende ghee i en anden gryde. Tilsæt løget og steg ved middel varme, indtil det er gennemsigtigt.

- Tilsæt chilipulver, garam masala, sukkervand, grøn chili og malet mandel. Fortsæt med at stege i et minut.

- Tilsæt yoghurten og bland godt. Kog blandingen i 6-7 minutter, under omrøring godt.

- Tilsæt denne blanding til lammeblandingen. Bland godt. Dæk med låg og kog i 5 minutter under omrøring af og til.

- Pynt med korianderblade og safran. Serveres varm.

lam med grøntsager

4 portioner

ingredienser

675 g / 1½ lb lam, skåret i 2,5 cm / 1 i stykker

salt efter smag

½ tsk malet sort peber

5 spiseskefulde raffineret vegetabilsk olie

2 laurbærblade

4 kapsler grøn kardemomme

4 nelliker

2,5 cm / 1 tommer kanel

2 store løg, finthakket

1 tsk safran

1 spsk stødt spidskommen

1 tsk chilipulver

1 tsk ingefærpasta

1 tsk hvidløgspasta

2 hakkede tomater

200 g / 7 oz ærter

1 tsk bukkehornsfrø

Blomkålsbuketter 200 g / 7 oz

500ml / 16fl oz vand

200 g / 7 oz yoghurt

10g/¼oz korianderblade, finthakket

Metode

- Mariner lammet med salt og peber i 30 minutter.

- Varm olien op i en pande. Tilsæt laurbærblade, kardemomme, nelliker og kanel. Lad dem pludre i 30 sekunder.

- Tilsæt løg, gurkemeje, spidskommen, chilipulver, ingefærpasta og hvidløgspasta. Steg dem ved middel varme i 1-2 minutter.

- Tilsæt det marinerede lam og steg i 6-7 minutter under omrøring af og til.

- Tilsæt tomater, ærter, bukkehornsfrø og blomkålsbuketter. Sauter i 3-4 minutter.

- Tilsæt vand og bland godt. Dæk med låg og kog i 20 minutter.

- Afdæk gryden og tilsæt yoghurten. Rør godt i et minut, læg låg på igen og kog i 30 minutter under omrøring af og til.

- Pynt med korianderblade. Serveres varm.

Karry oksekød med kartofler

4 portioner

ingredienser

6 korn sort peber

3 nelliker

2 kapsler sort kardemomme

2,5 cm / 1 tommer kanel

1 tsk spidskommen frø

4 spiseskefulde raffineret vegetabilsk olie

3 store løg, finthakket

¼ tsk safran

1 tsk chilipulver

1 tsk ingefærpasta

1 tsk hvidløgspasta

750 g / 1 lb 10 oz hakket oksekød

2 hakkede tomater

3 store kartofler, skåret i tern

½ tsk garam masala

1 spsk citronsaft

salt efter smag

1 liter vand

1 spsk korianderblade, finthakket

Metode

- Kværn pebernødder, nelliker, kardemomme, kanel og spidskommen til et fint pulver. Læg det til side.

- Varm olien op i en pande. Tilsæt løget og steg ved middel varme til det er gyldent.

- Tilsæt kværnet fed peberpulver, gurkemeje, chilipulver, ingefærpasta og hvidløgspasta. Steg i et minut.

- Tilsæt hakket kød og svits i 5-6 minutter.

- Tilsæt tomater, kartofler og garam masala. Bland godt og kog i 5-6 minutter.

- Tilsæt citronsaft, salt og vand. Dæk med låg og kog i 45 minutter under omrøring af og til.

- Pynt med korianderblade. Serveres varm.

Krydret lam Masala

4 portioner

ingredienser

675 g / 1½ lb lam, hakket

3 store løg, skåret i skiver

750 ml / 1¼ pints vand

salt efter smag

4 spiseskefulde raffineret vegetabilsk olie

4 laurbærblade

¼ tsk spidskommen frø

¼ tsk sennepsfrø

1 tsk ingefærpasta

1 tsk hvidløgspasta

2 grønne peberfrugter, hakket

1 spsk jordnødder

1 spsk chana dhal*, ristet og tør jorden

1 tsk chilipulver

¼ tsk safran

1 tsk garam masala

1 citronsaft

50 g / 1¾oz korianderblade, finthakket

Metode

- Bland lammet med løg, vand og salt. Kog denne blanding i en gryde ved middel varme i 40 minutter. Læg det til side.

- Varm olien op i en pande. Tilsæt laurbærblade, spidskommen og sennepsfrø. Lad dem pludre i 30 sekunder.

- Tilsæt ingefærpasta, hvidløgspasta og grøn chili. Steg dem ved middel varme i et minut under konstant omrøring.

- Tilsæt jordnødder, chana dhal, chilipulver, gurkemeje og garam masala. Fortsæt med at stege i 1-2 minutter.

- Tilsæt lammeblandingen. Bland godt. Dæk med låg og kog i 45 minutter under omrøring af og til.

- Drys limesaft og korianderblade ovenpå og server varm.

rogan josh

(Kashmiri lammekarry)

4 portioner

ingredienser

1 citronsaft

200 g / 7 oz yoghurt

salt efter smag

Lam 750 g / 1 lb 10 oz, skåret i 2,5 cm / 1 i stykker

75 g / 2½ oz ghee plus ekstra til stegning

2 store løg, fint skåret

2,5 cm / 1 tommer kanel

3 nelliker

4 kapsler grøn kardemomme

1 tsk ingefærpasta

1 tsk hvidløgspasta

1 tsk stødt koriander

1 tsk stødt spidskommen

3 store tomater, fint hakkede

750 ml / 1¼ pints vand

10g/¼oz korianderblade, finthakket

Metode

- Bland citronsaft, yoghurt og salt. Mariner lammet med denne blanding i en time.

- Varm ghee til stegning i en stegepande. Tilsæt løget og steg ved middel varme til det er gyldent. Løb og bestil.

- Opvarm den resterende ghee i en gryde. Tilsæt kanel, nelliker og kardemomme. Lad dem pludre i 15 sekunder.

- Tilsæt det marinerede lam og steg ved middel varme i 6-7 minutter.

- Tilsæt ingefærpasta og hvidløgspasta. Sauter i 2 minutter.

- Tilsæt malet koriander, stødt spidskommen og tomat, bland godt og kog i endnu et minut.

- Tilsæt vandet. Dæk med låg og kog i 40 minutter under omrøring af og til.

- Pynt med korianderblade og stegt løg. Serveres varm.

Grillede svineribbe

4 portioner

ingredienser

6 grønne peberfrugter

5 cm / 2in. fra ingefærrod

15 fed hvidløg

¼ lille rå papaya, knust

200 g / 7 oz yoghurt

2 spiseskefulde raffineret vegetabilsk olie

2 spsk citronsaft

salt efter smag

750 g / 1 lb 10 oz spareribs, skåret i 4 stykker

Metode

- Kværn den grønne peber, ingefær, hvidløg og rå papaya med nok vand til at danne en tyk pasta.

- Bland denne pasta med de resterende ingredienser undtagen ribbenene. Mariner ribbenene i denne blanding i 4 timer.

- Grill de marinerede short ribs i 40 minutter, vend af og til. Serveres varm.

Oksekød med kokosmælk

4 portioner

ingredienser

- 5 spiseskefulde raffineret vegetabilsk olie
- 675 g / 1½ lb oksekød, skåret i 5 cm / 2in strimler
- 3 store løg, finthakket
- 8 hakkede fed hvidløg
- 2,5 cm / 1 in. Ingefærrod, finthakket
- 2 grønne peberfrugter, skåret på langs
- 2 tsk malet koriander
- 2 tsk stødt spidskommen
- 2,5 cm / 1 tommer kanel
- salt efter smag
- 500ml / 16fl oz vand
- 500 ml / 16 fl oz kokosmælk

Metode

- Varm 3 spsk olie i en stegepande. Tilsæt kødstrimlerne gradvist og steg ved svag varme i 12-15 minutter, vend indimellem. Løb og bestil.

- Varm den resterende olie op i en gryde. Tilsæt løg, hvidløg, ingefær og grøn peber. Steg ved middel varme i 2-3 minutter.

- Tilsæt strimlerne af stegt kød, stødt koriander, stødt spidskommen, kanel, salt og vand. Kog i 40 minutter.

- Tilsæt kokosmælk. Kog i 20 minutter under konstant omrøring. Serveres varm.

svinekød kebab

4 portioner

ingredienser

100 ml / 3½ fl oz sennepsolie

3 spiseskefulde citronsaft

1 lille løg, hakket

2 tsk hvidløgspasta

1 tsk sennepspulver

1 tsk kværnet sort peber

salt efter smag

600 g / 1 lb 5 oz udbenet svinekød, skåret i 3,5 cm / 1½-tommer stykker

Metode

- Bland alle ingredienser undtagen svinekød. Mariner svinekødet i denne blanding natten over.

- Sæt det marinerede svinekød på spyd og grill i 30 minutter. Serveres varm.

Oksekød chili stege

4 portioner

ingredienser

750 g / 1 lb 10 oz oksekød, skåret i 2,5 cm / 1 i stykker

6 korn sort peber

3 store løg, skåret i skiver

1 liter vand

salt efter smag

4 spiseskefulde raffineret vegetabilsk olie

2,5 cm / 1 in. Ingefærrod, finthakket

8 hakkede fed hvidløg

4 grønne peberfrugter

1 spsk citronsaft

50 g / 1 oz korianderblade

Metode

- Bland kødet med peberkornene, 1 løg, vand og salt. Kog denne blanding i en gryde ved middel varme i 40 minutter. Løb og bestil. Reserver lageret.

- Varm olien op i en pande. Steg de resterende løg ved middel varme, indtil de er gyldenbrune. Tilsæt ingefær, hvidløg og grøn peber. Steg i 4-5 minutter.

- Tilsæt citronsaft og kødblanding. Fortsæt med at lave mad i 7-8 minutter. Tilføj reserveret lager.

- Dæk med låg og kog i 40 minutter under omrøring af og til. Tilsæt korianderbladene og bland godt. Serveres varm.

Beef Scotch Æg

4 portioner

ingredienser

500 g / 1 lb 2 oz oksekød, hakket

salt efter smag

1 liter vand

3 spiseskefulde besan*

1 sammenpisket æg

25g/små 1oz mynteblade, finthakket

25 g / knap 1 oz korianderblade, hakket

8 kogte æg

Raffineret vegetabilsk olie til stegning

Metode

- Bland kødet med salt og vand. Kog i en gryde ved svag varme i 45 minutter. Kværn til en pasta og bland med besan, sammenpisket æg, mynte og korianderblade. Bland de kogte æg med denne blanding.
- Varm olien op i en stegepande. Tilsæt de indpakkede æg og steg ved middel varme, indtil de er gyldenbrune. Serveres varm.

Malabar tørret kød

4 portioner

ingredienser

675 g / 1½ lb oksekød, i tern

4 spiseskefulde raffineret vegetabilsk olie

3 store løg, skåret i skiver

1 tomat, hakket

100 g / 3½ oz tørret kokosnød

1 tsk chilipulver

1 tsk garam masala

1 tsk stødt koriander

1 tsk stødt spidskommen

salt efter smag

1 liter vand

Til krydderiblandingen:

3,5 cm / 1½ in. Ingefær rod

6 grønne peberfrugter

1 spsk stødt koriander

10 karryblade

1 spsk hvidløgspasta

Metode

- Kværn alle ingredienserne til krydderiblandingen sammen til en tyk pasta. Mariner kødet med denne blanding i en time.
- Varm olien op i en pande. Steg løget ved middel varme, indtil det er gyldent. Tilsæt kød og steg i 6-7 minutter.
- Tilsæt de resterende ingredienser. Kog i 40 minutter og server varm.

Moghlai lammekoteletter

4 portioner

ingredienser

5 cm / 2in. fra ingefærrod

8 fed hvidløg

6 tørrede røde peberfrugter

2 teskefulde citronsaft

salt efter smag

8 lammekoteletter, revet og jævnet

150 g / 5½ oz ghee

2 store kartofler, skåret i skiver og stegt

2 store løg

Metode

- Kværn ingefær, hvidløg og rød peber med citronsaft, salt og nok vand til at danne en jævn pasta. Mariner koteletterne med denne blanding i 4-5 timer.
- Varm gheen op i en stegepande. Tilsæt de marinerede koteletter og steg ved middel varme i 8-10 minutter.
- Tilsæt løget og de stegte kartofler. Kog i 15 minutter. Serveres varm.

Kød med okra

4 portioner

ingredienser

4½ spiseskefulde raffineret vegetabilsk olie

200 g / 7 oz okra

2 store løg, finthakket

2,5 cm / 1 in. Ingefærrod, finthakket

4 hakkede fed hvidløg

750 g / 1 lb 10 oz oksekød, skåret i 2,5 cm / 1 i stykker

4 tørrede røde peberfrugter

1 spsk stødt koriander

½ spsk stødt spidskommen

1 tsk garam masala

2 hakkede tomater

salt efter smag

1 liter vand

Metode

- Opvarm 2 spsk olie i en stegepande. Tilsæt okraen og steg ved middel varme, indtil den er sprød og gylden. Løb og bestil.
- Varm den resterende olie op i en gryde. Steg løget ved middel varme, indtil det er gennemsigtigt. Tilsæt ingefær og hvidløg. Steg i et minut.
- Tilsæt kødet. Steg i 5-6 minutter. Tilsæt alle resterende ingredienser og okra. Kog i 40 minutter under konstant omrøring. Serveres varm.

Oksekød Baffad

(Oksekød kogt med kokos og eddike)

4 portioner

ingredienser

675 g / 1½ lb oksekød, i tern

salt efter smag

1 liter vand

1 tsk safran

½ tsk sort peber

½ tsk spidskommen frø

5-6 nelliker

2,5 cm / 1 tommer kanel

12 hakkede fed hvidløg

2,5 cm / 1 in. Ingefærrod, finthakket

100 g / 3½ oz frisk kokosnød, revet

6 spiseskefulde malteddike

5 spiseskefulde raffineret vegetabilsk olie

2 store løg, finthakket

Metode

- Bland kødet med salt og vand og steg i en gryde ved middel varme i 45 minutter, mens der røres af og til. Læg det til side.
- Slib de resterende ingredienser undtagen olie og løg.
- Varm olien op i en pande. Tilsæt jordblandingen og løgene.
- Steg ved middel varme i 3-4 minutter. Tilsæt kødblandingen. Kog i 20 minutter, rør af og til. Serveres varm.

Badami Gosht

(lam med mandler)

4 portioner

ingredienser

5 spiseskefulde ghee

3 store løg, finthakket

12 knuste fed hvidløg

3,5 cm / 1½ in. Ingefærrod, finthakket

750 g / 1 lb 10 oz lam, hakket

75 g / 2½ oz malede mandler

1 spsk garam masala

salt efter smag

250 g yoghurt

360 ml / 12 fl oz kokosmælk

500ml / 16fl oz vand

Metode

- Varm gheen op i en gryde. Tilsæt alle ingredienser undtagen yoghurt, kokosmælk og vand. Bland godt. Sauter ved svag varme i 10 minutter.
- Tilsæt de resterende ingredienser. Kog i 40 minutter. Serveres varm.

Indisk roastbeef

4 portioner

ingredienser

30 g / 1 oz cheddarost, revet

½ tsk malet sort peber

1 tsk chilipulver

10 g / ¼ oz korianderblade, hakket

10 g / ¼ oz mynteblade, finthakket

1 tsk ingefærpasta

1 tsk hvidløgspasta

25 g / 1 oz brødkrummer

1 sammenpisket æg

salt efter smag

675 g / 1½ lb udbenet oksekød, fladtrykt og skåret i 8 stykker

5 spiseskefulde raffineret vegetabilsk olie

500ml / 16fl oz vand

Metode

- Bland alle ingredienser undtagen kød, olie og vand.
- Påfør denne blanding på den ene side af hvert stykke kød. Rul hver enkelt op og bind med snor for at forsegle.
- Varm olien op i en pande. Tilsæt rullerne og steg ved middel varme i 8 minutter. Tilsæt vand og bland godt. Kog i 30 minutter. Serveres varm.

Khatta Pudina koteletter

(krydrede myntekoteletter)

4 portioner

ingredienser

1 tsk stødt spidskommen

1 spsk kværnet hvid peber

2 tsk garam masala

5 teskefulde citronsaft

4 spsk enkelt creme

150 g / 5½ oz yoghurt

250ml / 8fl oz myntechutney

2 spsk majsmel

¼ lille papaya, knust

1 spsk hvidløgspasta

1 spsk ingefærpasta

1 tsk stødt bukkehorn

salt efter smag

675 g / 1½ lb lammekoteletter

Raffineret vegetabilsk olie til bastning

Metode

- Bland alle ingredienser undtagen lammekoteletter og olie. Mariner koteletterne i denne blanding i 5 timer.
- Dryp koteletterne med olivenolie og grill i 15 minutter. Serveres varm.

Indisk bøf

4 portioner

ingredienser

675 g / 1½ lb kød, skåret i skiver til bøffer

3,5 cm / 1½ in. Ingefærrod, finthakket

12 hakkede fed hvidløg

2 spsk kværnet sort peber

4 mellemstore løg, hakket

4 grønne peberfrugter, finthakket

3 spiseskefulde eddike

750 ml / 1¼ pints vand

salt efter smag

5 spiseskefulde raffineret vegetabilsk olie plus ekstra til stegning

Metode

- Bland alle ingredienserne, undtagen olien til stegning, i en gryde.
- Dæk med et tæt låg og kog i 45 minutter under omrøring af og til.
- Varm den resterende olie op i en stegepande. Tilsæt kogt bøfblanding og sauter ved middel varme i 5-7 minutter, vend af og til. Serveres varm.

Lam i grøn sauce

4 portioner

ingredienser

4 spiseskefulde raffineret vegetabilsk olie

3 store løg, revet

1½ tsk ingefærpasta

1 tsk hvidløgspasta

675 g / 1½ lb lam, skåret i 2,5 cm / 1 i stykker

½ tsk kanelpulver

½ tsk stødt nelliker

½ tsk malet sort kardemomme

6 tørrede røde peberfrugter, stødt

2 tsk malet koriander

½ tsk stødt spidskommen

10g/¼oz korianderblade, finthakket

4 tomater, purerede

salt efter smag

500ml / 16fl oz vand

Metode

- Varm olien op i en pande. Tilsæt løg, ingefærpasta og hvidløgspasta. Steg ved middel varme i 2-3 minutter.

- Tilsæt alle de resterende ingredienser undtagen vand. Bland godt og steg i 8-10 minutter. Tilsæt vandet. Dæk med låg og kog i 40 minutter under omrøring af og til. Serveres varm.

Nem lammefars

4 portioner

ingredienser

3 spsk sennepsolie

2 store løg, finthakket

7,5 cm / 3 tommer rod ingefær, finthakket

2 tsk groftkværnet sort peber

2 tsk stødt spidskommen

salt efter smag

1 tsk safran

750g / 1lb 10oz hakket kød

500ml / 16fl oz vand

Metode

- Varm olien op i en pande. Tilsæt løg, ingefær, peber, spidskommen, salt og gurkemeje. Steg i 2 minutter. Tilsæt hakket kød. Steg i 8-10 minutter.
- Tilsæt vandet. Bland godt og kog i 30 minutter. Serveres varm.

Svinekød Sorpotel

(Svinelever kogt i Goan sauce)

4 portioner

ingredienser

250ml / 8fl oz malteddike

8 tørrede røde peberfrugter

10 korn sort peber

1 tsk spidskommen frø

1 spsk korianderfrø

1 tsk safran

500 g / 1 lb 2 oz svinekød

250 g / 9 oz lever

salt efter smag

1 liter vand

120ml / 4fl oz raffineret vegetabilsk olie

5 cm / 2in. Ingefærrod, fint skåret

20 hakkede fed hvidløg

6 grønne peberfrugter, skåret på langs

Metode

- Kværn halvdelen af eddiken med rød peber, peber, spidskommen, korianderfrø og gurkemeje til en fin masse. Læg det til side.
- Bland svinekød og lever med salt og vand. Kog i en gryde i 30 minutter. Dræn og reserver lageret. Skær svinekød og lever i tern. Læg det til side.
- Varm olien op i en pande. Tilsæt hakket kød og steg ved svag varme i 12 minutter. Tilsæt pastaen og alle resterende ingredienser. Bland godt.
- Steg i 15 minutter. Tilføj lager. Kog i 15 minutter. Serveres varm.

dåse lam

4 portioner

ingredienser

750 g / 1 lb 10 oz lam, skåret i tynde strimler

salt efter smag

1 liter vand

6 spiseskefulde raffineret vegetabilsk olie

1 tsk safran

4 spiseskefulde citronsaft

2 spsk stødt spidskommen, tørristet

4 spsk malede sesamfrø

7,5 cm / 3 tommer rod ingefær, finthakket

12 hakkede fed hvidløg

Metode

- Bland lammet med salt og vand og steg i en gryde ved middel varme i 40 minutter. Løb og bestil.
- Varm olien op i en stegepande. Tilsæt lammet og steg ved middel varme i 10 minutter. Dræn og bland med de resterende ingredienser. Serveres koldt.

haleem

(stuvet lam i persisk stil)

4 portioner

ingredienser

500g / 1lb 2oz hvede, udblødt i 2-3 timer og drænet

1,5 liter / 2¾ pints vand

salt efter smag

500 g / 1 lb 2 oz lam, hakket

4-5 spiseskefulde ghee

3 store løg, skåret i skiver

1 tsk ingefærpasta

1 tsk hvidløgspasta

1 tsk safran

1 tsk garam masala

Metode

- Bland hveden med 250 ml vand og lidt salt. Kog i en gryde ved middel varme i 30 minutter. Elsker godt og bog.
- Kog lammet med resten af vandet og salt på en pande i 45 minutter. Dræn og kværn til en fin pasta. Reserver lageret.
- Opvarm gheen. Steg løget ved svag varme, til det er gyldent. Tilsæt ingefærpasta, hvidløgspasta, gurkemeje og hakkebøf. Steg i 8 minutter. Tilsæt hvede, bouillon og garam masala. Kog i 20 minutter. Serveres varm.

Lammekoteletter Masala Verde

4 portioner

ingredienser

675 g / 1½ lb lammekoteletter

salt efter smag

1 tsk safran

500ml / 16fl oz vand

2 spsk stødt koriander

1 tsk stødt spidskommen

1 spsk ingefærpasta

1 spsk hvidløgspasta

100 g / 3½ oz korianderblade, stødt

1 tsk citronsaft

1 tsk kværnet sort peber

1 tsk garam masala

60 g / 2 oz almindeligt hvidt mel

Raffineret vegetabilsk olie til stegning

2 sammenpisket æg

50 g / 1¾ oz brødkrummer

Metode

- Bland lammet med salt, safran og vand. Kog i en gryde ved middel varme i 30 minutter. Løb og bestil.
- Bland de resterende ingredienser undtagen mel, olie, æg og rasp.
- Dæk koteletterne med denne blanding og drys med mel.
- Varm olien op i en stegepande. Dyp koteletterne i ægget, rul dem i rasp og steg dem gyldenbrune. Vend og gentag. Serveres varm.

Bukkehorns lammelever

4 portioner

ingredienser

4 spiseskefulde raffineret vegetabilsk olie

2 store løg, finthakket

¾ tsk ingefærpasta

¾ tsk hvidløgspasta

50 g / 1¾oz bukkehornsblade, hakket

600 g / 1 lb 5 oz lammelever, hakket

3 tomater, fint hakkede

1 tsk garam masala

120ml / 4fl oz varmt vand

1 spsk citronsaft

salt efter smag

Metode

- Varm olien op i en pande. Steg løget ved middel varme, indtil det er gennemsigtigt. Tilsæt ingefærpasta og hvidløgspasta. Steg i 1-2 minutter.
- Tilsæt bukkehornsblade og lever. Sauter i 5 minutter.
- Tilsæt de resterende ingredienser. Kog i 40 minutter og server varm.

Hussaini oksekød

(Oksekød tilberedt i nordindisk sovs)

4 portioner

ingredienser

4 spiseskefulde raffineret vegetabilsk olie

675 g / 1½ lb oksekød, finthakket

125 g / 4½ oz yoghurt

salt efter smag

750 ml / 1¼ pints vand

Til krydderiblandingen:

4 store løg

8 fed hvidløg

2,5 cm / 1 in. Ingefær rod

2 tsk garam masala

1 tsk safran

2 tsk malet koriander

1 tsk stødt spidskommen

Metode

- Kværn krydderiblandingens ingredienser til en tyk pasta.
- Varm olien op i en pande. Tilsæt pastaen og steg ved middel varme i 4-5 minutter. Tilsæt kødet. Bland godt og steg i 8-10 minutter.
- Tilsæt yoghurt, salt og vand. Bland godt. Dæk med låg og kog i 40 minutter under omrøring af og til. Serveres varm.

Lam Methi

(Lam med Bukkehorn)

4 portioner

ingredienser

120ml / 4fl oz raffineret vegetabilsk olie

1 stort løg, skåret i tynde skiver

6 hakkede fed hvidløg

600 g / 1 lb 5 oz lam, hakket

50 g / 1¾oz friske bukkehornsblade, finthakket

½ tsk safran

1 tsk stødt koriander

125 g / 4½ oz yoghurt

600ml / 1 liter vand

½ tsk malet grøn kardemomme

salt efter smag

Metode

- Varm olien op i en pande. Tilsæt løg og hvidløg og steg ved middel varme i 4 minutter.
- Tilsæt lammet. Steg i 7-8 minutter. Tilsæt de resterende ingredienser. Bland godt og kog i 45 minutter. Serveres varm.

Oksekød Indad

(Oksekød tilberedt i østindisk sovs)

4 portioner

ingredienser

675 g / 1½ lb oksekød, hakket

2,5 cm / 1 tommer kanel

6 nelliker

salt efter smag

1 liter vand

5 spiseskefulde raffineret vegetabilsk olie

3 store kartofler, skåret i skiver

Til krydderiblandingen:

60ml / 2fl oz malteddike

3 store løg

2,5 cm / 1 in. Ingefær rod

8 fed hvidløg

½ tsk safran

2 tørrede røde peberfrugter

2 tsk spidskommen frø

Metode

- Bland kødet med kanel, nelliker, salt og vand. Kog i en gryde ved middel varme i 45 minutter. Læg det til side.
- Kværn krydderiblandingens ingredienser til en tyk pasta.
- Varm olien op i en pande. Tilsæt krydderiblandingspasta og steg ved svag varme i 5-6 minutter. Tilsæt kød og kartofler. Bland godt. Kog i 15 minutter og server varmt.

lammegryde

4 portioner

ingredienser

3 spiseskefulde raffineret vegetabilsk olie

2 store løg, finthakket

4 hakkede fed hvidløg

500 g / 1 lb 2 oz lam, hakket

2 tsk stødt spidskommen

6 spiseskefulde tomatpuré

150 g / 5½ oz bønner på dåse

250ml / 8fl oz oksebouillon

Kværnet sort peber efter smag

salt efter smag

Metode

- Varm olien op i en pande. Tilsæt løg og hvidløg og steg ved middel varme i 2-3 minutter. Tilsæt hakket kød og svits i 10 minutter. Tilsæt de resterende ingredienser. Bland godt og kog i 30 minutter.
- Overfør til et ildfast materiale. Bages ved 180°C (350°F, gasmærke 4) i 25 minutter. Serveres varm.

Lam med kardemommesmag

4 portioner

ingredienser

salt efter smag

200 g / 7 oz yoghurt

1½ spsk ingefærpasta

2½ tsk hvidløgspasta

2 spsk stødt grøn kardemomme

675 g / 1½ lb lam, skåret i 3,5 cm / 1½ tomme stykker

6 spiseskefulde ghee

6 nelliker

7,5 cm / 3in kanel, groft formalet

4 store løg, fint skåret

½ tsk gurkemeje, udblødt i 2 spsk mælk

1 liter vand

125 g / 4½ oz ristede valnødder

Metode

- Bland salt, yoghurt, ingefærpasta, hvidløgspasta og kardemomme. Mariner kødet med denne blanding i 2 timer.
- Varm gheen op i en gryde. Tilsæt nelliker og kanel. Lad dem pludre i 15 sekunder.
- Tilsæt løgene. Steg i 3-4 minutter. Tilsæt det marinerede kød, safran og vand. Bland godt. Dæk med låg og kog i 40 minutter.
- Serveres varm, pyntet med valnødder.

Kheema

(Hakket kød)

4 portioner

ingredienser

5 spiseskefulde raffineret vegetabilsk olie

4 store løg, finthakket

1 tsk ingefærpasta

1 tsk hvidløgspasta

3 tomater, fint hakkede

2 tsk garam masala

200 g / 7 oz frosne ærter

salt efter smag

675 g / 1½ lb oksekød, hakket

500ml / 16fl oz vand

Metode

- Varm olien op i en pande. Tilsæt løget og steg ved middel varme til det er gyldent. Tilsæt ingefærpasta, hvidløgspasta, tomater, garam masala, ærter og salt. Bland godt. Steg i 3-4 minutter.
- Tilsæt kød og vand. Bland godt. Kog i 40 minutter og server varm.

Krydret svinekød Frittata

4 portioner

ingredienser

675 g / 1½ lb svinekød, i tern

2 store løg, finthakket

1 tsk raffineret vegetabilsk olie

1 liter vand

salt efter smag

Til krydderiblandingen:

250ml / 8fl oz eddike

2 store løg

1 spsk ingefærpasta

1 spsk hvidløgspasta

1 spsk stødt sort peber

1 spsk grøn peber

1 spsk safran

1 spsk chilipulver

1 spiseskefuld nelliker

5 cm / 2in kanel

1 spsk grønne kardemomme bælg

Metode

- Kværn krydderiblandingens ingredienser til en tyk pasta.
- Bland med de resterende ingredienser i en gryde. Dæk med et tæt låg og kog i 50 minutter. Serveres varm.

Tandoori Raan

(krydret lammelår tilberedt i en Tandoor)

4 portioner

ingredienser

675 g / 1½ lb lammelår

400 g yoghurt

2 spsk citronsaft

2 teskefulde ingefærpasta

2 tsk hvidløgspasta

1 tsk stødt nelliker

1 tsk kanelpulver

2 teskefulde chilipulver

1 tsk revet muskatnød

knivspids æble

salt efter smag

Raffineret vegetabilsk olie til bastning

Metode

- Gennembor lammet med en gaffel.
- Bland de resterende ingredienser godt, undtagen olien. Mariner lammet med denne blanding i 4-6 timer.
- Steg lammet i en ovn ved 180°C (350°F, gasmærke 4) i 1½-2 timer, og drys af og til. Serveres varm.

Lam Talaa

(Stegt lam)

4 portioner

ingredienser

675 g / 1½ lb lam, skåret i 5 cm / 2 i stykker

salt efter smag

1 liter vand

4 spiseskefulde ghee

2 store løg, skåret i skiver

Til krydderiblandingen:

8 tørrede peberfrugter

1 tsk safran

1½ spsk garam masala

2 teskefulde valmuefrø

3 store løg, finthakket

1 tsk tamarindpasta

Metode

- Kværn krydderiblandingens ingredienser med vand til en tyk pasta.
- Bland denne pasta med kød, salt og vand. Kog i en gryde ved middel varme i 40 minutter. Læg det til side.
- Varm gheen op i en gryde. Tilsæt løget og steg ved middel varme til det er gyldent. Tilsæt kødblandingen. Kog i 6-7 minutter og server varmt.

tungesteg

4 portioner

ingredienser

900g / 2lb oksetunge

salt efter smag

1 liter vand

1 tsk ghee

3 store løg, finthakket

5 cm / 2in. Ingefærrod, julienne

4 hakkede tomater

125 g / 4½ oz frosne ærter

10 g / ¼ oz mynteblade, finthakket

1 tsk malteddike

1 tsk kværnet sort peber

½ spsk garam masala

Metode

- Læg tungen i en gryde med salt og vand og kog over medium varme i 45 minutter. Dræn og lad afkøle lidt. Skræl skindet og skær det i strimler. Læg det til side.
- Varm gheen op i en gryde. Tilsæt løg og ingefær og steg ved middel varme i 2-3 minutter. Tilsæt kogt tunge og alle resterende ingredienser. Kog i 20 minutter. Serveres varm.

Stegt fårekødsruller

4 portioner

ingredienser

75 g / 2½ oz cheddarost, revet

½ tsk malet sort peber

1 tsk ingefærpasta

1 tsk hvidløgspasta

3 sammenpisket æg

50 g / 1¾oz korianderblade, hakket

100 g / 3½ oz brødkrummer

salt efter smag

675 g / 1½ lb udbenet lam, skåret i 10 cm / 10 cm stykker og fladtrykt

4 spiseskefulde ghee

250ml / 8fl oz vand

Metode

- Bland alle ingredienser undtagen kød, ghee og vand. Påfør blandingen på den ene side af kødstykkerne. Rul hvert stykke stramt og bind med snor.
- Varm gheen op i en stegepande. Tilsæt lammerullerne og steg ved middel varme, indtil de er gyldenbrune. Tilsæt vandet. Kog i 15 minutter og server varmt.

Masala leveryngel

4 portioner

ingredienser

4 spiseskefulde raffineret vegetabilsk olie

675g / 1½lb lammelever, skåret i 5 cm / 2in strimler

2 spsk ingefær, julienne

15 hakkede fed hvidløg

8 grønne peberfrugter, skåret på langs

2 tsk stødt spidskommen

1 tsk safran

125 g / 4½ oz yoghurt

1 tsk kværnet sort peber

salt efter smag

50 g / 1¾oz korianderblade, hakket

1 citronsaft

Metode

- Varm olien op i en pande. Tilsæt leverstrimlerne og steg ved middel varme i 10-12 minutter.
- Tilsæt ingefær, hvidløg, grøn peber, spidskommen og gurkemeje. Steg i 3-4 minutter. Tilsæt yoghurt, peber og salt. Sauter i 6-7 minutter.
- Tilsæt korianderblade og limesaft. Sauter ved svag varme i 5-6 minutter. Serveres varm.

krydret oksetunge

4 portioner

ingredienser

900g / 2lb oksetunge

salt efter smag

1,5 liter / 2¾ pints vand

2 tsk spidskommen frø

12 fed hvidløg

5 cm / 2in kanel

4 nelliker

6 tørrede røde peberfrugter

8 sorte peberkorn

6 spiseskefulde malteddike

3 spiseskefulde raffineret vegetabilsk olie

2 store løg, finthakket

3 tomater, fint hakkede

1 tsk safran

Metode

- Kog tungen med saltet og 1,2 liter vand i en gryde ved svag varme i 45 minutter. Pil huden af. Skær tungerne i tern og stil dem til side.
- Kværn spidskommen, hvidløg, kanel, nelliker, tørret rød peber og peberkorn med eddike til en jævn pasta. Læg det til side.
- Varm olien op i en pande. Steg løget ved middel varme, indtil det er gennemsigtigt. Tilsæt jordmassen, tungen i tern, tomater, gurkemeje og resten af vandet. Kog i 20 minutter og server varmt.

lammepasandas

(Lammekebab med yoghurtsauce)

4 portioner

ingredienser

½ spiseskefuld raffineret vegetabilsk olie

3 store løg, skåret på langs

¼ lille grøn papaya, knust

200 g / 7 oz yoghurt

2 tsk garam masala

salt efter smag

750 g / 1 lb 10 oz udbenet lam, skåret i 5 cm / 2 i stykker

Metode

- Varm olien op i en pande. Steg løget ved svag varme, til det er gyldent.
- Dræn og hak løgene til en pasta. Bland med de øvrige ingredienser undtagen lammet. Mariner lammet i denne blanding i 5 timer.
- Anret i et tærtefad og bag ved 180°C (350°F, gasmærke 4) i 30 minutter. Serveres varm.

Lamme- og æblekarry

4 portioner

ingredienser

5 spiseskefulde raffineret vegetabilsk olie

4 store løg, skåret i skiver

4 store tomater, blancherede (se madlavningsteknikker)

½ tsk hvidløgspasta

2 tsk malet koriander

2 tsk stødt spidskommen

1 tsk chilipulver

30 g / 1 oz cashewnødder, malede

750 g / 1 lb 10 oz udbenet lam, skåret i 2,5 cm / 1 i stykker

200 g / 7 oz yoghurt

1 tsk kværnet sort peber

salt efter smag

750 ml / 1¼ pints vand

4 æbler, skåret i 1½-tommer / 3,5 cm stykker

120ml / 4fl oz frisk enkelt creme

Metode

- Varm olien op i en stegepande. Steg løget ved svag varme, til det er gyldent.
- Tilsæt tomater, hvidløgspasta, koriander og spidskommen. Steg i 5 minutter.
- Tilsæt de resterende ingredienser undtagen vand, æbler og fløde. Bland godt og sauter i 8 til 10 minutter.
- Hæld vand i. Kog i 40 minutter. Tilsæt æblerne og rør i 10 minutter. Tilsæt fløden og rør i yderligere 5 minutter. Serveres varm.

Andhra stil tørt lam

4 portioner

ingredienser

675 g / 1½ lb lam, hakket

4 store løg, fint skåret

6 tomater, fint hakkede

1½ tsk ingefærpasta

1½ tsk hvidløgspasta

50g / 1¾oz frisk kokosnød, revet

2½ spsk garam masala

½ tsk malet sort peber

1 tsk safran

salt efter smag

500ml / 16fl oz vand

6 spiseskefulde raffineret vegetabilsk olie

Metode

- Bland alle ingredienserne, undtagen olien, sammen. Kog i en gryde ved middel varme i 40 minutter. Dræn kødet og kassér bouillonen.
- Varm olien op i en anden pande. Tilsæt det tilberedte kød og steg ved middel varme i 10 minutter. Serveres varm.

Simpel oksekød karry

4 portioner

ingredienser

3 spiseskefulde raffineret vegetabilsk olie

2 store løg, finthakket

750 g / 1 lb 10 oz oksekød, skåret i 2,5 cm / 1 i stykker

1 tsk ingefærpasta

1 tsk hvidløgspasta

1 tsk chilipulver

½ tsk safran

salt efter smag

300 g / 10 oz yoghurt

1,2 liter / 2 liter vand

Metode

- Varm olien op i en pande. Steg løget ved svag varme, til det er gyldent.
- Tilsæt de resterende ingredienser undtagen yoghurt og vand. Steg i 6-7 minutter. Tilsæt yoghurt og vand. Kog i 40 minutter. Serveres varm.

gosht korma

(Rig fårekød i sovs)

4 portioner

ingredienser

3 spiseskefulde valmuefrø

75 g / 2½ oz cashewnødder

50g / 1¾oz tørret kokosnød

3 spiseskefulde raffineret vegetabilsk olie

1 stort løg, skåret i tynde skiver

2 spiseskefulde ingefærpasta

2 spsk hvidløgspasta

675 g / 1½ lb udbenet lam, hakket

200 g / 7 oz yoghurt

10 g / ¼ oz korianderblade, hakket

10 g / ¼ oz mynteblade, hakket

½ tsk garam masala

salt efter smag

1 liter vand

Metode

- Tørristede valmuefrø, cashewnødder og kokos. Kværn med nok vand til at danne en tyk pasta. Læg det til side.
- Varm olien op i en pande. Steg løg, ingefærpasta og hvidløgspasta ved middel varme i 1-2 minutter.
- Tilsæt valmuefrø og cashewnøddepasta og de resterende ingredienser undtagen vand. Bland godt og steg i 5-6 minutter.
- Tilsæt vandet. Kog i 40 minutter under konstant omrøring. Serveres varm.

erachi koteletter

(Møre lammekoteletter)

4 portioner

ingredienser

750 g / 1 lb 10 oz lammekoteletter

salt efter smag

1 tsk safran

1 liter vand

2 spiseskefulde raffineret vegetabilsk olie

1 tsk ingefærpasta

1 tsk hvidløgspasta

3 store løg, skåret i skiver

5 grønne peberfrugter, skåret på langs

2 store tomater, fint hakkede

½ tsk stødt koriander

1 spsk stødt sort peber

1 spsk citronsaft

2 spsk korianderblade, hakket

Metode

- Mariner lammekoteletterne med salt og safran i 2-3 timer.
- Kog kødet med vandet ved svag varme i 40 minutter. Læg det til side.
- Varm olien op i en pande. Tilsæt ingefærpasta, hvidløgspasta, løg og grøn peber og steg ved medium varme i 3-4 minutter.
- Tilsæt tomater, stødt koriander og peber. Bland godt. Steg i 5-6 minutter. Tilsæt lammet og svits i 10 minutter.

- Pynt med citronsaft og korianderblade. Serveres varm.

stegt hakkebøf

4 portioner

ingredienser

3 spiseskefulde raffineret vegetabilsk olie

2 store løg, finthakket

6 hakkede fed hvidløg

600 g / 1 lb 5 oz lam, hakket

2 tsk stødt spidskommen

125 g / 4½ oz tomatpuré

Dåsebønner 600g / 1lb 5oz

Fårefond 500ml / 16fl oz

½ tsk malet sort peber

salt efter smag

Metode

- Varm olien op i en pande. Tilsæt løg og hvidløg. Steg ved svag varme i 2-3 minutter. Tilsæt de resterende ingredienser. Kog i 30 minutter.
- Overfør til et ovnfast fad og bag ved 400°F (200°C, gasmærke 6) i 25 minutter. Serveres varm.

Kaleji Do Pyaaza

(lever med løg)

4 portioner

ingredienser

4 spiseskefulde ghee

3 store løg, finthakket

2,5 cm / 1 in. Ingefærrod, finthakket

10 hakkede fed hvidløg

4 grønne peberfrugter, skåret på langs

1 tsk safran

3 tomater, fint hakkede

750 g / 1 lb 10 oz lammelever, hakket

2 tsk garam masala

200 g / 7 oz yoghurt

salt efter smag

250ml / 8fl oz vand

Metode

- Varm gheen op i en gryde. Tilsæt løg, ingefær, hvidløg, grøn peber og gurkemeje og steg ved middel varme i 3-4 minutter. Tilsæt alle de resterende ingredienser undtagen vand. Bland godt. Steg i 7-8 minutter.
- Tilsæt vandet. Kog i 30 minutter, rør af og til. Serveres varm.

Lam på benet

4 portioner

ingredienser

30 g / 1 oz mynteblade, finthakket

3 grønne peberfrugter, finthakket

12 hakkede fed hvidløg

1 citronsaft

675 g / 1½ lb lammelår, skåret i 4 stykker

5 spiseskefulde raffineret vegetabilsk olie

salt efter smag

500ml / 16fl oz vand

1 stort løg, finthakket

4 store kartofler, skåret i tern

5 små auberginer, halveret

3 tomater, fint hakkede

Metode

- Kværn mynteblade, grøn peber og hvidløg med nok vand til at danne en jævn pasta. Tilsæt citronsaft og bland godt.
- Lad kødet marinere i denne blanding i 30 minutter.
- Varm olien op i en pande. Tilsæt det marinerede kød og steg ved svag varme i 8-10 minutter. Tilsæt salt og vand og kog i 30 minutter.
- Tilsæt alle resterende ingredienser. Kog i 15 minutter og server varmt.

oksekød vindaloo

(Goa oksekød karry)

4 portioner

ingredienser

3 store løg, finthakket

5 cm / 2in. fra ingefærrod

10 fed hvidløg

1 spsk spidskommen frø

½ spsk stødt koriander

2 tsk rød peber

½ tsk bukkehornsfrø

½ tsk sennepsfrø

60ml / 2fl oz malteddike

salt efter smag

675 g / 1½ lb udbenet oksekød, skåret i 2,5 cm / 1 i stykker

3 spiseskefulde raffineret vegetabilsk olie

1 liter vand

Metode

- Kværn alle ingredienser undtagen kød, olie og vand til en tyk pasta. Mariner kødet med denne pasta i 2 timer.
- Varm olien op i en pande. Tilsæt det marinerede kød og svits ved svag varme i 7-8 minutter. Tilsæt vandet. Kog i 40 minutter, rør af og til. Serveres varm.

oksekød karry

4 portioner

ingredienser

4 spiseskefulde raffineret vegetabilsk olie

3 store løg, revet

1½ spsk stødt spidskommen

1 tsk safran

1 tsk chilipulver

½ spsk stødt sort peber

4 mellemstore tomater, pureret

675 g / 1½ lb magert oksekød, skåret i 2,5 cm / 1 i stykker

salt efter smag

1½ tsk tørrede bukkehornsblade

250ml / 8fl oz enkelt creme

Metode
- Varm olien op i en pande. Tilsæt løget og steg ved middel varme til det er gyldent.
- Tilsæt de resterende ingredienser undtagen bukkehornsblade og fløde.
- Bland godt og kog i 40 minutter. Tilsæt bukkehornsblade og fløde. Kog i 5 minutter og server varm.

lam med græskar

4 portioner

ingredienser

750 g / 1 lb 10 oz lam, hakket

200 g / 7 oz yoghurt

salt efter smag

2 store løg

2,5 cm / 1 in. Ingefær rod

7 fed hvidløg

5 spiseskefulde ghee

¾ tsk safran

1 tsk garam masala

2 laurbærblade

750 ml / 1¼ pints vand

400 g / 14 oz butternut squash, kogt og moset

Metode

- Mariner lammet med yoghurt og salt i 1 time.
- Kværn løg, ingefær og hvidløg med nok vand til at danne en tyk pasta. Varm gheen op i en gryde. Tilsæt pastaen sammen med safran og steg i 3-4 minutter.
- Tilsæt garam masala, laurbærblade og lam. Steg i 10 minutter.
- Tilsæt vand og græskar. Kog i 40 minutter og server varm.

gushtaba

(Kashmiri stil lam)

4 portioner

ingredienser

675 g / 1½ lb udbenet lam

6 kapsler sort kardemomme

salt efter smag

4 spiseskefulde ghee

4 store løg, skåret i ringe

600 g / 1 lb 5 oz yoghurt

1 tsk malede fennikelfrø

1 spsk kanelpulver

1 spsk stødt nelliker

1 spsk knuste mynteblade

Metode

- Pisk lammet med kardemomme og salt til det er blødt. Del i 12 kugler og stil til side.
- Varm gheen op i en gryde. Steg løget ved svag varme, til det er gyldent. Tilsæt yoghurt og kog i 8 til 10 minutter under konstant omrøring.
- Tilsæt frikadeller og alle resterende ingredienser undtagen mynteblade. Kog i 40 minutter. Server pyntet med mynteblade.

Lam med grøntsager og blandede urter

4 portioner

ingredienser

5 spiseskefulde raffineret vegetabilsk olie

3 store løg, finthakket

750 g / 1 lb 10 oz lam, hakket

50 g / 1 50 oz amarantblade*, fint hakket

100 g / 3½ oz spinatblade, finthakket

50 g / 1¾oz bukkehornsblade, hakket

50 g / 1¾oz dildblade, finthakket

50 g / 1¾oz korianderblade, hakket

1 tsk ingefærpasta

1 tsk hvidløgspasta

3 grønne peberfrugter, finthakket

1 tsk safran

2 tsk malet koriander

1 tsk stødt spidskommen

salt efter smag

1 liter vand

Metode

- Varm olien op i en pande. Steg løget ved middel varme, indtil det er gyldent. Tilsæt de resterende ingredienser undtagen vand. Sauter i 12 minutter.
- Tilsæt vandet. Kog i 40 minutter og server varm.

citronagtig lam

4 portioner

ingredienser

Lam 750 g / 1 lb 10 oz, skåret i 2,5 cm / 1 i stykker

2 hakkede tomater

4 grønne peberfrugter, finthakket

1 tsk ingefærpasta

1 tsk hvidløgspasta

2 tsk garam masala

125 g / 4½ oz yoghurt

500ml / 16fl oz vand

salt efter smag

1 spiseskefuld raffineret vegetabilsk olie

10 skalotteløg

3 spiseskefulde citronsaft

Metode

- Vend lammet med alle de resterende ingredienser undtagen olie, skalotteløg og citronsaft. Kog i en gryde ved middel varme i 45 minutter. Læg det til side.

- Varm olien op i en pande. Steg skalotteløgene ved svag varme i 5 minutter.
- Bland med lammekarry og drys med citronsaft. Serveres varm.

Pasanda af lam med mandler

(lammestykker med mandler i yoghurtsauce)

4 portioner

ingredienser

120ml / 4fl oz raffineret vegetabilsk olie

4 store løg, finthakket

750 g / 1 lb 10 oz udbenet lam, skåret i 5 cm / 2 i stykker

3 tomater, fint hakkede

1 tsk ingefærpasta

1 tsk hvidløgspasta

2 tsk stødt spidskommen

1½ tsk garam masala

salt efter smag

200 g græsk yoghurt

750 ml / 1¼ pints vand

25 mandler, groft hakkede

Metode

- Varm olien op i en pande. Tilsæt løget og steg ved svag varme i 6 minutter. Tilsæt lammet og steg i 8-10 minutter. Tilsæt de øvrige ingredienser, undtagen yoghurt, vand og mandler. Sauter i 5-6 minutter.
- Tilsæt yoghurt, vand og halvdelen af mandlerne. Kog i 40 minutter under konstant omrøring. Server drysset med de resterende mandler.

Stegt svinepølse med peber

4 portioner

ingredienser

2 spsk olie

1 stort løg, skåret i skiver

400 g / 14 oz svinepølse

1 grøn peber, julienne

1 kartoffel, kogt og hakket

½ tsk ingefærpasta

½ tsk hvidløgspasta

½ tsk chilipulver

¼ tsk safran

10 g / ¼ oz korianderblade, hakket

salt efter smag

4 spiseskefulde vand

Metode

- Varm olien op i en pande. Tilsæt løget og steg i et minut. Skru ned for varmen og tilsæt alle de øvrige ingredienser undtagen vandet. Steg forsigtigt i 10-15 minutter til pølserne er kogte.
- Tilsæt vand og kog ved svag varme i 5 minutter. Serveres varm.

Fårekød Shah Jahan

(Fårekød stuvet i rig Moghlaisauce)

4 portioner

ingredienser

5-6 spiseskefulde ghee

4 store løg, skåret i skiver

675 g / 1½ lb lam, hakket

1 liter vand

salt efter smag

8-10 mandler, knuste

Til krydderiblandingen:

8 fed hvidløg

2,5 cm / 1 in. Ingefær rod

2 teskefulde valmuefrø

50 g / 1¾oz korianderblade, hakket

5 cm / 2in kanel

4 nelliker

Metode

- Kværn krydderiblandingens ingredienser til en pasta. Læg det til side.
- Varm gheen op i en gryde. Steg løget ved svag varme, til det er gyldent.
- Tilsæt krydderiblandingspastaen. Steg i 5-6 minutter. Tilsæt fårekødet og svits i 18-20 minutter. Tilsæt vand og salt. Kog i 30 minutter.
- Pynt med mandler og server varm.

www.ingramcontent.com/pod-product-compliance
Lightning Source LLC
Chambersburg PA
CBHW050346120526
44590CB00015B/1577